21 mujeres sorprendentes

Las vidas de los intrépidos que rompieron barreras y lucharon por la libertad: Angela Davis, Marie Curie, Jane Goodall y otros personajes (Libro de biografías para jóvenes y adultos)

Por Student Press Books

Índice de contenidos

Introducción

Conoce a las extraordinarias mujeres de la historia y de los tiempos modernos - biografías para mayores de 12 años.

Bienvenido a la serie Empoderamiento femenino. Este libro le presenta a los desafiantes modelos de conducta tanto de la historia como de los tiempos modernos. Con **21 mujeres sorprendentes, este libro presenta** biografías inspiradoras de pioneras de todo el mundo.

Desde Marie Curie hasta Malala Yousafzai, este libro está lleno de historias de las mujeres más influyentes e inspiradoras del mundo, cada una con su propia historia. Una lectura excelente para cualquier persona interesada en la historia o que quiera empoderarse.

Levantad la mano cuando se os pregunte si os gustan las historias rompedoras sobre mujeres que sacudieron el mundo y lograron hechos destacables. En ellas, se hace referencia a historias con un poderoso mensaje para niños y niñas, y hombres y mujeres.

Algunas de estas extraordinarias mujeres se alzaron contra la injusticia y trabajaron diligentemente por la igualdad de género en todas sus formas. Otras murieron antes de que se luchara o se ganara el sufragio, pero muchas vivieron lo suficiente como para ser testigos del cambio desde la distancia, en las generaciones siguientes, y de la legislación que se vota hoy en día. Lee estas inspiradoras historias de dificultades y victorias, desafiadas por la sociedad, el patriarcado, la pobreza o la esclavitud.

Este libro de la serie Empoderamiento femenino cubre:

- Biografías fascinantes: lee sobre iconos famosos, influyentes e inspiradores como Nellie Bly, Sacagawea y Jane Goodall, así como sobre pioneras menos conocidas como Ruby Bridges y Jane Austen.
- Retratos vívidos: permite que estas mujeres sorprendentes cobren vida en tu imaginación con la ayuda de estimulantes fotos o ilustraciones.

Sobre la serie: La **serie Empoderamiento femenino** de Student Press Books presenta nuevas perspectivas sobre el **empoderamiento femenino** que inspirarán a las jóvenes lectoras a considerar su lugar en una sociedad cada vez más diversa. ¿Quién será tu próxima fuente de inspiración?

21 mujeres sorprendentes va más allá de otros libros de biografías sobre el empoderamiento femenino. Su objetivo, es destacar temáticas y personalidades de todo el mundo a través del tiempo. También es un gran regalo para cualquier hija, hermana, sobrina o nieta.

Tu regalo

Tienes un libro en tus manos.

No es un libro cualquiera, es un libro de Student Press Books. Escribimos sobre héroes negros, mujeres empoderadas, mitología, filosofía, historia y otros temas interesantes.

Ya que has comprado un libro, queremos que tengas otro gratis.

Todo lo que necesita es una dirección de correo electrónico y la posibilidad de suscribirse a nuestro boletín (lo que significa que puede darse de baja en cualquier momento).

¿A qué espera? Suscríbase hoy mismo y reclame su libro gratuito al instante. Todo lo que tiene que hacer es visitar el siguiente enlace e introducir su dirección de correo electrónico. Se le enviará el enlace para descargar la versión en PDF del libro inmediatamente para que pueda leerlo sin conexión en cualquier momento.

Y no te preocupes: no hay trampas ni cargos ocultos; sólo un regalo a la vieja usanza por parte de Student Press Books.

Visite este enlace ahora mismo y suscríbase para recibir un ejemplar gratuito de uno de nuestros libros.

Link: https://campsite.bio/studentpressbooks

Malala Yousafzai (nacida en 1997)

Defensor de la educación pakistaní

"Un niño, un profesor, un libro, un bolígrafo pueden cambiar el mundo".

Cuando era adolescente, la activista pakistaní Malala Yousafzai se manifestó públicamente contra la prohibición de los talibanes de educar a las niñas. Se ganó la atención mundial cuando sobrevivió a un intento de asesinato a los 15 años. En 2014, Yousafzai recibió el Premio Nobel de la Paz por sus esfuerzos en favor de los derechos de los niños.

Malala Yousafzai nació el 12 de julio de 1997 en Mingora, valle del Swat, Pakistán. Hija de un activista social y educador, Yousafzai fue una excelente estudiante. Su padre estableció y administró la escuela a la que asistía y la animó a seguir su camino.

En 2007, el valle de Swat, antaño un destino vacacional, fue invadido por los talibanes. Dirigidos por Maulana Fazlullah, los talibanes paquistaníes comenzaron a imponer una estricta ley islámica. También destruyeron o cerraron las escuelas de niñas, prohibieron a las mujeres cualquier papel activo en la sociedad y llevaron a cabo atentados suicidas. Yousafzai y su familia huyeron de la región por su seguridad, pero regresaron cuando las tensiones y la violencia disminuyeron.

El 1 de septiembre de 2008, cuando Malala Yousafzai tenía 11 años, su padre la llevó a un club de prensa local en Peshawar, Pakistán, para protestar por el cierre de escuelas. Allí pronunció su primer discurso: "¿Cómo se atreven los talibanes a quitarme mi derecho básico a la educación? El discurso se difundió por todo Pakistán.

A finales de 2008, los talibanes anunciaron que todas las escuelas para niñas de Swat se cerrarían el 15 de enero de 2009. La British Broadcasting Corporation (BBC) se puso en contacto con el padre de Yousafzai en busca de alguien que pudiera escribir un blog para ellos sobre cómo era vivir bajo el régimen talibán. Bajo el nombre de Gul Makai, Yousafzai comenzó a escribir entradas regulares para la BBC Urdu sobre su vida cotidiana. Desde enero hasta principios de marzo de ese año, escribió 35 entradas que también se tradujeron al inglés. Mientras tanto, los talibanes cerraron todas las escuelas para niñas en Swat y volaron más de 100 de ellas.

En febrero de 2009, Malala Yousafzai hizo su primera aparición en televisión. Yousafzai fue entrevistada por el periodista y presentador pakistaní Hamid Mir en el programa de actualidad pakistaní Capital Talk. A finales de febrero, los talibanes, en respuesta a una creciente reacción en todo Pakistán, acordaron un alto el fuego. Levantaron la restricción contra las niñas y les permitieron asistir a la escuela con la condición de que llevaran burkas (una prenda que cubre el cuerpo de la cabeza a los pies y vela el rostro). Sin embargo, la violencia resurgió pocos meses después.

La familia Yousafzai se vio obligada a buscar refugio fuera de Swat hasta que el ejército pakistaní pudo expulsar a los talibanes. A principios de 2009, el reportero del New York Times Adam Ellick trabajó con Yousafzai para realizar un documental, Class Dismissed. Era una pieza de 13 minutos sobre el cierre de la escuela. Ellick hizo una segunda película con ella, titulada A Schoolgirl's Odyssey. El New York Times publicó ambas películas en su sitio web en 2009. Ese verano, Yousafzai se reunió con el enviado especial de Estados Unidos para Afganistán y Pakistán, Richard Holbrooke. Le pidió que la ayudara en su esfuerzo por proteger la educación de las niñas en Pakistán.

Con las continuas apariciones televisivas de Yousafzai y su cobertura en los medios de comunicación locales e internacionales, en diciembre de 2009 se hizo evidente que era la joven bloguera de la BBC. Una vez conocida su identidad, empezó a recibir un amplio reconocimiento por su activismo. En octubre de 2011 fue nominada por el activista de derechos humanos Desmond Tutu para el Premio Internacional de la Paz para Niños. En diciembre de ese mismo año fue galardonada con el primer Premio Nacional de la Juventud por la Paz de Pakistán (posteriormente rebautizado como Premio Nacional de la Paz Malala).

El 9 de octubre de 2012, Malala Yousafzai recibió un disparo en la cabeza por parte de un pistolero talibán mientras volvía a casa de la escuela. Fazlullah y los talibanes paquistaníes asumieron la responsabilidad del atentado contra su vida. Sobrevivió al ataque y fue trasladada en avión desde Peshawar a Birmingham, Inglaterra, para ser operada. El incidente suscitó protestas y su causa dio la vuelta al mundo. El enviado especial de las Naciones Unidas (ONU) para la educación mundial, Gordon Brown, presentó una petición para que todos los niños del mundo volvieran a la escuela en 2015. Esa petición condujo a la ratificación del primer proyecto de ley sobre el derecho a la educación en Pakistán.

En diciembre de 2012, el presidente pakistaní Asif Ali Zardari anunció el lanzamiento de un fondo de educación de 10 millones de dólares en honor a Yousafzai. Casi al mismo tiempo, el Fondo Malala fue creado por la asociación mundial Vital Voices para apoyar la educación de todas las niñas del mundo.

Mientras tanto, Malala Yousafzai seguía recuperándose de sus heridas de bala. Se quedó con su familia en Birmingham, donde finalmente volvió a sus estudios y al activismo. Su primera aparición pública tras ser disparada fue el 12 de julio de 2013, cuando cumplió 16 años.

Yousafzai se dirigió a una audiencia de 500 personas en la ONU en Nueva York. Entre sus numerosos galardones, en 2013 Yousafzai ganó el Premio de Derechos Humanos de las Naciones Unidas, que se concede cada cinco años. Ese mismo año fue nombrada una de las personas más influyentes de la revista Time y apareció en una de las siete portadas que se imprimieron para ese número.

En 2013 Yousafzai se convirtió en la candidata más joven al Premio Nobel de la Paz. Aunque no lo recibió entonces, el comité se lo concedió en 2014. Se convirtió así en la persona más joven en ganar el premio. También en 2014 Yousafzai se convirtió en la persona más joven en ganar la Medalla de la Libertad. El Centro Nacional de la Constitución de Filadelfia (Pensilvania) la concede a personalidades que luchan por la libertad de las personas en todo el mundo.

Destacados

- Malala Yousafzai ganó la atención mundial cuando sobrevivió a un intento de asesinato a los 15 años.
- En octubre de 2011 fue nominada por el activista de derechos humanos Desmond Tutu para el Premio Internacional de la Paz para Niños.
- En 2014, Yousafzai y Kailash Satyarthi fueron galardonados conjuntamente con el Premio Nobel de la Paz en reconocimiento a sus esfuerzos en favor de los derechos de los niños.
- En julio de 2015, con el apoyo del Fondo Malala, abrió una escuela de niñas en Líbano para los refugiados de la guerra civil siria.
- Habló de su trabajo con los refugiados así como de su propio desplazamiento en We Are Displaced (2019).

Preguntas de investigación

---

1. Si pudiera cambiar de lugar con alguien por un día, ¿quién sería y por qué?
2. ¿Cuál es su cita inspiradora favorita y por qué le gusta tanto?
3. ¿Qué personas o figuras de los medios de comunicación cree que son realmente inspiradoras para las jóvenes de hoy?

Angela Davis (nacida en 1944)

Activista político y autor afroamericano

La activista negra estadounidense Angela Davis pronunció discursos y participó en la recaudación de fondos para causas revolucionarias. Ganó reputación internacional durante su encarcelamiento y juicio por cargos de conspiración en 1970-1972. En varias ocasiones, Davis fue miembro del Black Panther Party (un partido revolucionario afroamericano), del Student Nonviolent Coordinating Committee (un grupo estudiantil que se oponía al racismo y a la guerra de Vietnam) y del Che-Lumba Club (una facción juvenil afroamericana del Partido Comunista).

Angela Yvonne Davis nació el 26 de enero de 1944 en Birmingham, Alabama. De 1961 a 1967 fue a la universidad en su país y en el extranjero. Como candidata al doctorado en la Universidad de California en San Diego, Davis estudió con el profesor marxista Herbert Marcuse.

Finalmente se convirtió en profesora de filosofía en el campus de la universidad en Los Ángeles. Sin embargo, debido a sus opiniones políticas, no se le renovó el contrato en 1970.

En 1991, Angela Davis se convirtió en profesora de historia de la conciencia en la Universidad de California en Santa Cruz. En 1995, en medio de una gran controversia, Davis fue nombrada profesora presidencial. Angela Davis se convirtió en profesora emérita en 2008.

En los años 60 y 70, Davis defendió la causa de los presos negros. Se encariñó especialmente con un joven revolucionario, George Jackson. Durante su juicio, en agosto de 1970, se produjo un intento de fuga y secuestro en la Sala de Justicia del condado de Marin, California. El hermano de Jackson y otras tres personas, incluido el juez del juicio, fueron asesinados.

Los funcionarios sospecharon que Angela Davis estaba implicada, y se la buscó para detenerla y se convirtió en una de las delincuentes más buscadas por la Oficina Federal de Investigación. Detenida en Nueva York en octubre, fue devuelta a California para enfrentarse a los cargos de secuestro, asesinato y conspiración; Angela Davis fue absuelta de todos los cargos por un jurado totalmente blanco.

Destacados

- Angela Davis, cuyo nombre completo es Angela Yvonne Davis, (nacida el 26 de enero de 1944 en Birmingham, Alabama, Estados Unidos), activista negra estadounidense militante que adquirió fama internacional durante su encarcelamiento y juicio por cargos de conspiración en 1970-1972.
- Debido a sus opiniones políticas y a pesar de un excelente historial como instructora en el campus de la universidad en Los Ángeles, la Junta de Regentes de California se negó en 1970 a renovar su nombramiento como profesora de filosofía.
- En 1991, sin embargo, Davis se convirtió en profesor de historia de la conciencia en la Universidad de California, Santa Cruz.
- En 1974 publicó Angela Davis: An Autobiography (reeditado en 1988).

1. Si pudiera hablar con alguna mujer famosa de la historia, ¿quién sería y qué consejo le daría?
2. ¿Qué mujer famosa ha sido su mayor influencia femenina en la vida? ¿Por qué ha elegido a esa persona?
3. ¿Cree que las mujeres líderes poderosas nacen o se hacen? ¿Qué cualidades cree que distinguen a este tipo de personas de otras del mismo ámbito?

Mae Jemison (nacida en 1956)
Médico estadounidense y astronauta de la NASA

> *"Nunca te limites por la imaginación limitada de los demás; nunca limites a los demás por tu propia imaginación limitada".*

Mae Jemison, de formación médica e ingeniera, fue la primera mujer afroamericana en convertirse en astronauta. En 1992 pasó ocho días orbitando la Tierra como especialista en misiones científicas a bordo del transbordador espacial Endeavour.

Mae Carol Jemison nació el 17 de octubre de 1956 en Decatur, Alabama, siendo la menor de tres hermanos. Su padre era trabajador de mantenimiento y su madre, maestra de escuela. Cuando Jemison tenía tres años, la familia se trasladó a Chicago, Illinois.

Los Jemison fomentaron los amplios intereses de su hija menor, que incluían la antropología, la arqueología, la evolución y la astronomía, así como la danza. Mae Jemison se graduó en el instituto a los 16 años y entró en la Universidad de Stanford, en California, donde en 1977 se licenció en ingeniería química y estudios afroamericanos.

Ese mismo año, Mae Jemison empezó a estudiar medicina en la Universidad de Cornell, en Nueva York. Estaba especialmente interesada en la medicina internacional y se ofreció como voluntaria para trabajar durante un verano en un campo de refugiados camboyanos en Tailandia. En 1979 estudió en Kenia. Tras licenciarse en medicina en 1981, Jemison trabajó brevemente como médico generalista en Los Ángeles, California, antes de incorporarse al Cuerpo de Paz de Estados Unidos.

De 1983 a 1985, Mae Jemison trabajó como oficial médico del Cuerpo de Paz en los países africanos de Sierra Leona y Liberia, prestando atención médica al personal del Cuerpo de Paz y de la embajada estadounidense. Durante su estancia en África, también realizó investigaciones para los Institutos Nacionales de Salud y los Centros de Control de Enfermedades.

Cuando Mae Jemison regresó a Estados Unidos en 1985, retomó su trabajo como médico generalista. Jemison también estudió ingeniería para preparar su candidatura al programa de formación de astronautas de la Administración Nacional de Aeronáutica y del Espacio (NASA). En octubre de 1986 se enteró de que, entre 2.000 solicitantes, era una de las 15 seleccionadas para el programa de formación de astronautas.

Tras completar su formación como especialista en misiones del transbordador espacial en 1988, Jemison comenzó a trabajar como miembro del equipo de apoyo a las misiones del transbordador en el Centro Espacial Kennedy de Cabo Cañaveral (Florida). En septiembre de 1992, Jemison trabajó como especialista de misión en el transbordador espacial Endeavour para la misión STS-47 Spacelab J.

Mae Jemison realizó experimentos sobre el efecto de la ingravidez en la biología humana y animal. En el momento de su vuelo, era la única mujer astronauta afroamericana.

Jemison dejó la NASA en marzo de 1993 para crear su propia empresa, el Grupo Jemison. La empresa desarrolla tecnologías avanzadas en los ámbitos de la atención sanitaria, la producción de alimentos y la protección del medio ambiente, destinadas específicamente a los países en desarrollo. BioSentient Corporation, empresa fundada por Jemison en 1999, desarrolla equipos de control de la salud que los pacientes pueden llevar en su cuerpo.

De 1995 a 2002, Mae Jemison enseñó estudios medioambientales en el Dartmouth College. Ha recibido numerosos premios y títulos honoríficos. Su libro Find Where the Wind Goes: Momentos de mi vida (2001), ofrece un relato autobiográfico de su infancia y juventud.

Destacados

- Mae Jemison, cuyo nombre completo es Mae Carol Jemison, (nacida el 17 de octubre de 1956 en Decatur, Alabama, Estados Unidos), médica estadounidense y primera mujer afroamericana en convertirse en astronauta.
- En 1977, Jemison ingresó en la Facultad de Medicina de la Universidad de Cornell, en Ithaca (Nueva York), donde se interesó por la medicina internacional.
- Se licenció en medicina en 1981 y, tras un breve periodo como médico generalista en un grupo médico de Los Ángeles, pasó a ser oficial médico del Cuerpo de Paz en África Occidental.
- En 1992 pasó más de una semana orbitando la Tierra en el transbordador espacial Endeavour. En aquel momento era la única mujer afroamericana astronauta.

Preguntas de investigación

1. ¿Quién es su heroína personal que le inspira y motiva a diario para ser intrépida, valiente, empoderada y de mente fuerte?
2. ¿Dónde cree que estaríamos ahora si no fuera por estas intrépidas mujeres?
3. ¿Cuántas batallas perdieron estas mujeres antes de ganar la guerra contra el patriarcado?

Anne Carroll Moore (1871-1961)

Educadora, escritora y defensora de las bibliotecas infantiles estadounidense

En reconocimiento a su trabajo pionero en bibliotecas con niños y a sus muchos esfuerzos por mejorar y promover la literatura infantil, Anne Carroll Moore recibió la Medalla Regina de la Asociación de Bibliotecas Católicas en 1960. Como primera supervisora del trabajo con niños de la Biblioteca Pública de Nueva York, Moore ayudó a promover las bibliotecas públicas como lugares acogedores para los niños.

Anne Carroll Moore nació el 12 de julio de 1871 en Limerick, Me. Tras graduarse en la Academia de Bradford en 1891, se propuso estudiar Derecho bajo la dirección de su padre, pero una epidemia de gripe acabó con la vida de sus padres en 1892.

Anne Carroll Moore pasó los siguientes años cumpliendo con sus responsabilidades familiares, pero finalmente estudió biblioteconomía en el Instituto Pratt de Brooklyn, N.Y. Tras su graduación en 1896, Moore se convirtió en bibliotecaria infantil en la Pratt Institute Free Library, la primera biblioteca construida con una sala especial diseñada para el trabajo de los niños.

Moore dejó Pratt en 1906 para trabajar en la Biblioteca Pública de Nueva York. Creó salas de lectura coloridas y acogedoras en las que los niños podían explorar libros cuidadosamente elegidos sobre una variedad de temas y reunirse para las horas de cuentos programadas regularmente.

Anne Carroll Moore visitó todas las sucursales del sistema de bibliotecas de Nueva York para instruir al personal sobre el trabajo con niños y evaluar las colecciones infantiles en cuanto a tamaño y calidad. Visitantes de todo el mundo acudían a observar la biblioteca y regresaban a sus propias comunidades deseosos de establecer modelos similares. Al retirarse del cargo en 1941, Moore eligió a Frances Clarke Sayers como su sucesora. Sayers escribió posteriormente sobre su famosa mentora en Anne Carroll Moore: A Biography (1972).

Anne Carroll Moore se convirtió en una de las primeras revisoras de libros juveniles cuando se le pidió en 1918 que contribuyera con críticas a la revista mensual The Bookman. Más tarde editó una página semanal sobre libros infantiles para el New York Herald Tribune y colaboró con The Atlantic Monthly y The Horn Book Magazine. Sus series de libros "Roads to Childhood" y "Three Owls" también contenían críticas a la literatura infantil.

Autora de gran talento, Moore fue finalista de la Medalla Newbery de 1925 por Nicholas: A Manhattan Christmas Story (1924), un libro infantil inspirado en un niño holandés de madera tallada que le regalaron. En 1932 se publicó la continuación, Nicholas and the Golden Goose.

Moore también editó Knickerbocker's History of New York de Washington Irving (1928) y The Bold Dragoon and Other Ghostly Tales (1930); escribió una apreciación de The Art of Beatrix Potter (1955); y creó listas de lectura para varias ediciones de la Pictured Encyclopedia de Compton.

Anne Carroll Moore recibió varios premios por sus logros, entre ellos los doctorados honoríficos de Pratt y la Universidad de Maine. La Women's National Book Association la nombró la primera receptora de su Medalla Conmemorativa Constance Lindsay Skinner. Moore murió el 20 de enero de 1961 en Nueva York.

1. ¿Quién es su mujer inspiradora, extraordinaria o intrépida favorita?
2. ¿Qué palabras de sabiduría les diría a las mujeres jóvenes para animarlas a asumir riesgos?
3. ¿A quién respeta usted entre la población femenina?

Rosa L. Parks (1913-2005)

Activista de los derechos civiles afroamericanos

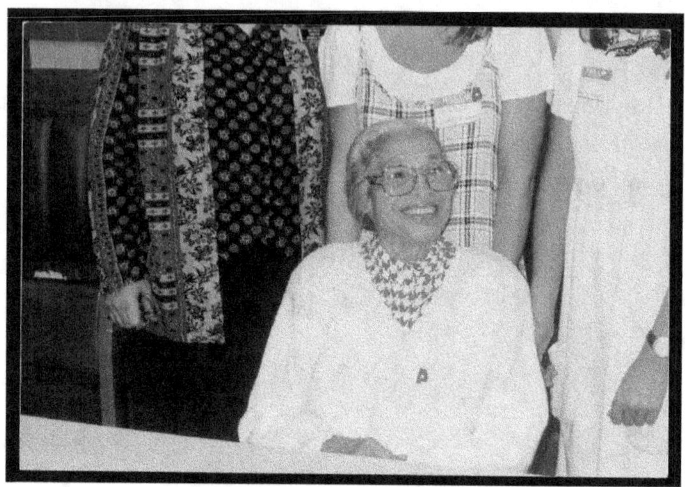

"Nunca hay que tener miedo de lo que se hace cuando es correcto".

Al negarse a ceder su asiento en el autobús a un hombre blanco en el Sur segregado, Rosa Parks desencadenó el movimiento por los derechos civiles en Estados Unidos. Su acción condujo al boicot de autobuses de Montgomery, Alabama, en 1955-56, y se convirtió en un símbolo del poder de la protesta no violenta.

Rosa Louise McCauley nació el 4 de febrero de 1913 en Tuskegee, Alabama. Asistió brevemente al Alabama State Teachers College (actual Universidad Estatal de Alabama) y en 1932 se casó con Raymond Parks, un barbero. Parks trabajó como costurera y participó activamente en la Asociación Nacional para el Progreso de las Personas de Color (NAACP), siendo secretaria de la sección de Montgomery de 1943 a 1956.

Un día de 1955, cuando volvía a casa del trabajo, un conductor de autobús le dijo a Rosa Parks que cediera su asiento a un hombre blanco.

Cuando se negó, fue detenida y multada, una acción que motivó a los líderes negros locales a tomar medidas.

El emergente líder de los derechos civiles, Martin Luther King, Jr. lideró un boicot a la compañía de autobuses que duró más de un año. En 1956, el Tribunal Supremo de EE.UU. confirmó la decisión de un tribunal inferior que declaraba inconstitucionales los asientos segregados en los autobuses de Montgomery.

Rosa Parks se trasladó a Detroit, Michigan, en 1957. Trabajó en la oficina del congresista de Michigan John Conyers, Jr. desde 1965 hasta que se jubiló en 1988. Siguió participando activamente en la NAACP y en otros grupos de derechos civiles. El Southern Christian Leadership Council creó el Premio a la Libertad Rosa Parks en su honor, y en 1979 la NAACP le concedió la Medalla Spingarn.

En 1987 Rosa Parks cofundó un instituto para ayudar a educar a los jóvenes y enseñarles habilidades de liderazgo. Su autobiografía, Rosa Parks: Mi historia, apareció en 1992. Parks recibió dos de las más prestigiosas condecoraciones civiles del gobierno estadounidense -la Medalla Presidencial de la Libertad (1996) y la Medalla de Oro del Congreso (1999)- por su contribución al movimiento de los derechos civiles. Parks murió el 24 de octubre de 2005 en Detroit.

Destacados

- Cuando tenía dos años, poco después del nacimiento de su hermano menor, Sylvester, sus padres decidieron separarse. Desde entonces, los niños se distanciaron de su padre y se trasladaron con su madre a vivir a la granja de sus abuelos maternos en Pine Level, Alabama, a las afueras de Montgomery.
- En 1932, a la edad de 19 años, Rosa se casó con Raymond Parks, un barbero y activista de los derechos civiles, que la animó a volver a la escuela secundaria y obtener un diploma.
- En 1987 cofundó el Instituto Rosa y Raymond Parks para el Autodesarrollo, con el fin de proporcionar formación profesional a los jóvenes y ofrecer a los adolescentes la oportunidad de conocer la historia del movimiento por los derechos civiles.

1. ¿Conoce a muchas mujeres que no tengan miedo o que sean una inspiración?
2. ¿Quiénes son sus mujeres favoritas de la historia?
3. ¿Quién es la mujer que conoce que le inspira y por qué?

Nellie Bly (1867-1922)

Periodista, industrial, inventor y trabajador benéfico estadounidense

"La energía correctamente aplicada y dirigida logrará cualquier cosa".

Un día de 1885, una joven de 18 años entró en las oficinas del Pittsburgh Dispatch y se presentó como Elizabeth Cochrane. Dijo que había escrito una carta, que el Dispatch había publicado, sobre las funciones vitales más activas de las mujeres. Sobre la base de la carta, pidió un trabajo.

Miss Cochrane fue contratada y adoptó como seudónimo Nellie Bly, de la canción homónima del compositor estadounidense Stephen Foster. Bly se haría famosa por sus reportajes sensacionalistas y reformistas.

Escritora de artículos, Nellie Bly preparó artículos sobre temas como el divorcio, la vida en los barrios bajos y la vida en México. Escribió un libro sobre sus viajes a México. Contratada por el New York World en 1887, fingió estar loca para conseguir ser admitida en un manicomio de Blackwell's Island. Su denuncia de las condiciones de vida en el manicomio hizo que se mejorara la atención a los pacientes.

En 1889 y 1890, Nellie Bly dio la vuelta al mundo para batir el récord de Phileas Fogg, héroe ficticio de la novela de Julio Verne La vuelta al mundo en ochenta días. Bly regresó a Nueva York con una tumultuosa acogida, tras haber dado la vuelta al mundo en 72 días, 6 horas, 11 minutos y 14 segundos.

Nellie Bly nació como Elizabeth Cochrane, o Cochran, el 5 de mayo de 1867, en Cochran's Mills, Pensilvania, pueblo que lleva el nombre de su familia. Dejó su carrera de escritora en 1895 para casarse con el millonario Robert Seaman. Tras la muerte de éste, en 1904, gestionó sus intereses empresariales hasta que Nellie Bly quebró. En 1920 Bly volvió a trabajar en el periódico New York Journal. Nellie Bly murió en Nueva York el 27 de enero de 1922.

Destacados

- Nellie Bly, seudónimo de Elizabeth Cochrane, comenzó su carrera en 1885 en su Pensilvania natal como reportera del Pittsburgh Dispatch, al que había enviado una airada carta al director en respuesta a un artículo que el periódico había publicado titulado "Para qué sirven las chicas" (no mucho, según el artículo).
- Sus primeros artículos, sobre las condiciones de las chicas trabajadoras en Pittsburgh, la vida en los barrios bajos y otros temas similares, la marcaron como una reportera de ingenio y preocupación.
- El libro de Nellie Bly: La vuelta al mundo en setenta y dos días (1890) fue un gran éxito popular, y el nombre de Nellie Bly se convirtió en sinónimo de reportera estrella.

Preguntas de investigación

1. ¿Cuál es la primera vez que recuerda haber pensado en el sexismo y en cómo afecta a las mujeres que no conocemos o no hemos conocido todavía?
2. ¿De qué manera estas mujeres te permiten no tener miedo y creer en ti misma?
3. ¿Has tenido alguna vez la sensación de que alguien intentaba desanimarte para conseguir algo grande? ¿Cómo lo afrontas?

Marie Curie (1867-1934)

Primera mujer en ganar un Premio Nobel

La física francesa de origen polaco Marie Curie fue famosa por sus
trabajos sobre la radiactividad y fue galardonada dos veces con el Premio
Nobel. Junto con Henri Becquerel y su marido, Pierre Curie, recibió el
Premio Nobel de Física en 1903.

Marie Curie fue la única ganadora del Premio Nobel de Química de 1911.
Marie fue la primera mujer en ganar un Premio Nobel, y es la única mujer
en ganar el premio en dos campos diferentes.

Maria Salomea Sklodowska nació el 7 de noviembre de 1867 en Varsovia, en lo que entonces era el Reino de Polonia del Congreso, Imperio Ruso. Desde la infancia destacó por su prodigiosa memoria, y a los 16 años obtuvo una medalla de oro al finalizar su educación secundaria en el liceo ruso.

Como su padre, profesor de matemáticas y física, perdió sus ahorros por una mala inversión, Marie tuvo que aceptar un trabajo como profesora y, al mismo tiempo, participar clandestinamente en la "universidad libre" nacionalista, leyendo en polaco a las trabajadoras.

A los 18 años, Marie Curie aceptó un puesto de institutriz, donde sufrió una infeliz relación amorosa. Sin embargo, con sus ingresos pudo financiar los estudios de medicina de su hermana Bronislawa en París (Francia), en el entendimiento de que Bronislawa, a su vez, la ayudaría a ella a formarse.

En 1891, Sklodowska se fue a París y -ahora con el nombre de Marie- empezó a seguir las clases de Paul Appel, Gabriel Lippmann y Edmond Bouty en la universidad de la Sorbona. Sklodowska trabajó hasta altas horas de la noche y completó sus estudios de física y matemáticas. En la primavera de 1891 conoció a Pierre Curie.

Su matrimonio (25 de julio de 1895) marcó el inicio de una asociación que pronto alcanzaría resultados de importancia mundial, en particular el descubrimiento del polonio (llamado así por Marie en honor a su tierra natal) en el verano de 1898 y el del radio unos meses después.

Tras el descubrimiento por parte de Henri Becquerel (1896) de un nuevo fenómeno (que más tarde denominó "radiactividad"), Marie Curie, buscando un tema para su tesis, decidió averiguar si la propiedad descubierta en el uranio se encontraba en otras materias. Curie descubrió que esto era cierto para el torio al mismo tiempo que Gerhard Carl Schmidt.

Al centrar su atención en los minerales, descubrió que su interés se centraba en la pechblenda. La pechblenda, un mineral cuya actividad es superior a la del uranio puro, sólo podía explicarse por la presencia en el mineral de pequeñas cantidades de una sustancia desconocida de muy alta actividad. Pierre Curie se unió entonces a Marie en los trabajos que había emprendido para resolver este problema y que condujeron al descubrimiento de los nuevos elementos, el polonio y el radio.

Mientras Pierre Curie se dedicaba principalmente al estudio físico de las nuevas radiaciones, Marie Curie se esforzaba por obtener radio puro en estado metálico, lo que consiguió con la ayuda del químico André-Louis Debierne, uno de los alumnos de Pierre Curie. Gracias a los resultados de esta investigación, Marie Curie se doctoró en ciencias en junio de 1903 y, junto con Pierre, recibió la Medalla Davy de la Royal Society. También en 1903 compartieron con Becquerel el Premio Nobel de Física por el descubrimiento de la radiactividad.

El nacimiento de sus dos hijas, Irène y Ève, en 1897 y 1904, no interrumpió la intensa labor científica de Marie. Curie fue nombrada profesora de física (1900) en la École Normale Supérieure para niñas de Sèvres (Francia) e introdujo allí un método de enseñanza basado en demostraciones experimentales. En diciembre de 1904 fue nombrada ayudante jefe del laboratorio dirigido por Pierre Curie.

La repentina muerte de Pierre Curie (19 de abril de 1906) supuso un duro golpe para Marie Curie, pero también un punto de inflexión decisivo en su carrera: en adelante iba a dedicar toda su energía a completar en solitario el trabajo científico que habían emprendido.

El 13 de mayo de 1906, Marie Curie fue nombrada para ocupar la cátedra que había quedado vacante a la muerte de su marido; fue la primera mujer en enseñar en la Sorbona. En 1908 se convirtió en profesora titular y en 1910 se publicó su tratado fundamental sobre la radiactividad.

En 1911 recibe el Premio Nobel de Química por el aislamiento del radio puro. En 1914, Marie Curie vio finalizada la construcción de los laboratorios del Instituto del Radio (Institut du Radium) en la Universidad de París.

Durante la Primera Guerra Mundial, Marie Curie, con la ayuda de su hija Irène, se dedicó a desarrollar el uso de la radiografía. En 1918 comenzó a funcionar el Instituto del Radio, al que se había incorporado Irène, y que se convertiría en un centro universal de física y química nuclear.

Marie Curie, en el punto más alto de su fama y, desde 1922, miembro de la Academia de Medicina, dedicó sus investigaciones al estudio de la química de las sustancias radiactivas y a las aplicaciones médicas de las mismas.

En 1921, acompañada de sus dos hijas, Marie Curie realizó un viaje triunfal a Estados Unidos, donde el presidente Warren G. Harding le entregó un gramo de radio que había sido comprado como resultado de una colecta entre mujeres estadounidenses.

Marie Curie dio conferencias, especialmente en Bélgica, Brasil, España y Checoslovaquia. Fue nombrada miembro de la Comisión Internacional de Cooperación Intelectual por el Consejo de la Sociedad de Naciones. Además, tuvo la satisfacción de ver el desarrollo de la Fundación Curie en París y en Polonia la inauguración en 1932 en Varsovia del Instituto del Radio, del que su hermana Bronislawa fue directora.

Uno de los logros más destacados de Marie Curie fue haber comprendido la necesidad de acumular fuentes radiactivas intensas, no sólo para tratar enfermedades sino también para mantener un suministro abundante para la investigación en física nuclear; la reserva resultante fue un instrumento inigualable hasta la aparición, después de 1930, de los aceleradores de partículas.

La existencia en París, en el Instituto del Radio, de una reserva de 1,5 gramos de radio en la que, a lo largo de varios años, se habían acumulado radio D y polonio, contribuyó de forma decisiva al éxito de los experimentos realizados en los años cercanos a 1930, en particular los realizados por Irène Curie junto con Frédéric Joliot, con quien se había casado en 1926. Estos trabajos prepararon el camino para el descubrimiento del neutrón por Sir James Chadwick y, sobre todo, para el descubrimiento en 1934 por Irène y Frédéric Joliot-Curie de la radiactividad artificial.

Pocos meses después de este descubrimiento, Curie murió a consecuencia de una leucemia provocada por la acción de la radiación. Su contribución a la física había sido inmensa, no sólo por su propio trabajo, cuya importancia quedó demostrada con la concesión de dos premios Nobel, sino por su influencia en las generaciones posteriores de físicos y químicos nucleares.

Marie Curie murió el 4 de julio de 1934 cerca de Sallanches (Francia). En 1995 sus cenizas fueron consagradas en el Panteón de París; fue la primera mujer en recibir este honor por sus propios logros. Su despacho y laboratorio en el Pabellón Curie del Instituto del Radio se conservan como Museo Curie.

Destacados

- Marie Curie fue una física francesa de origen polaco, famosa por sus trabajos sobre la radiactividad y dos veces ganadora del Premio Nobel.
- Junto con Henri Becquerel y su marido, Pierre Curie, recibió el Premio Nobel de Física en 1903.
- Fue la única ganadora del Premio Nobel de Química de 1911.
- Marie Curie fue la primera mujer en ganar un Premio Nobel, y es la única mujer que ha ganado el premio en dos campos diferentes.

Preguntas de investigación

---

1. ¿Cuál es su definición de una mujer que ha hecho algo con contundencia e individualidad?
2. ¿Se ha encontrado con alguna mujer que haya cambiado el mundo de alguna manera, o simplemente son sus héroes locales?
3. ¿Cree que las mujeres tienen cualidades diferentes a las de los hombres?

Sacagawea (1788?-1812?)

Intérprete y guía nativo americano

---

*"Increíble las cosas que encuentras cuando te molestas
en buscarlas".*

Una adolescente llamada Sacagawea sirvió de intérprete en la expedición
de Lewis y Clark al oeste de Estados Unidos. Era una india Lemhi
Shoshone. Recorrió miles de kilómetros a través de la naturaleza con los
exploradores, desde las Dakotas hasta el Océano Pacífico y de vuelta. Se
han erigido muchos monumentos en su honor, en parte por la fortaleza
con la que afrontó las penurias del difícil viaje.

Separar la realidad de la leyenda en la vida de Sacagawea es difícil. Los
historiadores no se ponen de acuerdo sobre las fechas de su nacimiento y
muerte, ni siquiera sobre su nombre. Una de las versiones de su nombre,
Sacagawea, significa "mujer pájaro" en la lengua hidatsa. También se
escribe Sacajawea o Sakakawea. Se cree que nació alrededor de 1788,
cerca de la divisoria continental en lo que ahora es la frontera entre Idaho

y Montana. Hacia 1800, cuando tenía unos 12 años, un grupo de indios hidatsa la capturó cerca de la cabecera del río Misuri.

Los Hidatsa convirtieron a Sacagawea en esclava y la llevaron a las aldeas Mandan-Hidatsa cerca de lo que hoy es Bismarck, N.D. Alrededor de 1804 se convirtió en una de las esposas del comerciante de pieles franco-canadiense Toussaint Charbonneau. (Es posible que Sacagawea fuera vendida a él).

Los exploradores Meriwether Lewis y William Clark llegaron a los pueblos mandan-hidatsa y construyeron allí un fuerte en el que pasar el invierno. Contrataron a Charbonneau como intérprete para que les ayudara a hablar con los distintos pueblos indios que encontrarían en su expedición. Sin embargo, no hablaba shoshone. La expedición necesitaría comunicarse con los shoshone para adquirir los caballos que utilizarían para cruzar las montañas. Por esta razón, los exploradores acordaron que la embarazada Sacagawea también les acompañara. El 11 de febrero de 1805, dio a luz a un hijo, Jean Baptiste.

Sacagawea llevó a su bebé en la expedición, que partió el 7 de abril por el río Missouri. El 14 de mayo, Charbonneau estuvo a punto de hacer zozobrar la piragua en la que viajaba Sacagawea. Manteniendo la calma, Sacagawea recuperó importantes documentos, instrumentos, medicinas y otros objetos de valor que, de otro modo, se habrían perdido. Sacagawea también demostró ser un activo importante en otros aspectos, como la búsqueda de plantas comestibles y la fabricación de mocasines y ropa.

Sacagawea también ayudó a disipar las sospechas de las tribus indias que se acercaban mediante su presencia: una mujer y un niño que acompañaban a un grupo de hombres indicaban intenciones pacíficas.

A mediados de agosto, la expedición se encontró con una banda de Shoshone. Su líder era el hermano de Sacagawea, Cameahwait. La reunión de Sacagawea y su hermano ayudó a Lewis y Clark a obtener los caballos y el guía que les permitió cruzar las Montañas Rocosas.

Sacagawea no era la guía de la expedición, como algunos la han descrito erróneamente. Sin embargo, reconoció los puntos de referencia del suroeste de Montana. También informó a Clark de que el paso de Bozeman era la mejor ruta entre los ríos Missouri y Yellowstone en su viaje de regreso. Sacagawea y su familia abandonaron la expedición cuando llegaron a los pueblos mandan-hidatsa.

Se cree que Sacagawea murió poco después de dar a luz a una hija, Lisette, el 20 de diciembre de 1812, en Fort Manuel, cerca de lo que hoy es Mobridge, S.D. Clark se convirtió en el tutor legal de sus dos hijos.

En los años transcurridos desde su muerte, Sacagawea se ha convertido en una leyenda, objeto de muchos libros y películas. Sacagawea también ha sido honrada con monumentos, estatuas, sellos de correos y una moneda de un dólar. En 2001 se le concedió el título de sargento honorario del ejército regular estadounidense.

Destacados

- Sacagawea, también escrito Sacajawea, se traduce como "Mujer Pájaro".
- Esclavizada y llevada a sus aldeas de tierra del río Knife, cerca de la actual Bismarck, Dakota del Norte, fue comprada por el comerciante de pieles franco-canadiense Toussaint Charbonneau y se convirtió en una de sus esposas plurales hacia 1804.
- Sacagawea no era la guía de la expedición, como algunos la han descrito erróneamente; no obstante, reconoció puntos de referencia en el suroeste de Montana e informó a Clark de que el paso de Bozeman era la mejor ruta entre los ríos Missouri y Yellowstone en su viaje de regreso.

Preguntas de investigación

1. ¿Qué haría del mundo un lugar mejor si más personas fueran como estas intrépidas mujeres?
2. ¿Quién es tu superheroína favorita? ¿Y qué la hace tan especial?
3. ¿Cuáles son las mejores cualidades de las mujeres en general?

Ruby Bridges (nacida en 1954)

Activista estadounidense de los derechos civiles

Una turba venenosa de racistas blancos gritó a Ruby Bridges, de seis años, cuando se acercaba a la puerta de la escuela primaria William Frantz de Nueva Orleans, Luisiana, el 14 de noviembre de 1960, su primer día de clase. Como uno de los primeros niños en integrar las escuelas de Nueva Orleans, Ruby estaba protegida por cuatro alguaciles federales armados y por su madre.

La integración había llegado por fin a Nueva Orleans como resultado de una orden judicial federal, y los lívidos ciudadanos blancos se rebelaron tratando a una joven afroamericana con un odio arraigado en los prejuicios. Ruby Bridges reaccionó con espíritu y gracia, convirtiéndose en un símbolo nacional del movimiento por los derechos civiles. Bridges fue inmortalizada posteriormente en el impactante cuadro de Norman Rockwell titulado El problema con el que todos vivimos.

Nacida en la pobreza el 8 de septiembre de 1954 en Tylertown, Mississippi, Ruby Nell Bridges era la mayor de los ocho hijos de Abon y Lucille Bridges. La espiritualidad fue una parte integral de su educación. Desde el principio, los padres de Ruby les inculcaron a ella y a sus hermanos la importancia de la oración y la fe. Cuando Ruby tenía cuatro años, su familia se trasladó a Nueva Orleans para buscar mejores oportunidades. A los seis años, Ruby fue seleccionada para matricularse en la Escuela Frantz. Al principio, su padre se opuso a que asistiera a una escuela sólo para blancos, ya que consideraba que la escuela a la que asistía era suficientemente buena. Su madre le convenció de que debían permitir a Ruby aprovechar la oportunidad de obtener una educación mejor que la suya. En ese momento, no eran conscientes de la importancia de su decisión ni del efecto que tendría en su hija.

Ruby pasó todo su primer día de clase en el despacho del director, observando cómo unos padres furiosos entraban en la escuela para llevarse a sus hijos. El segundo día de clase de Ruby, Barbara Henry, una joven profesora contratada en Boston, empezó a darle clases. Las dos trabajaron juntas en un aula vacía durante todo un año.

Todos los días, cuando los alguaciles la acompañaban a la escuela, situada a pocas manzanas de su casa, instaban a Ruby a mirar hacia delante para evitar ver los insultos racistas garabateados en los carteles o las caras distorsionadas que la escupían. Al principio, Ruby atribuyó el ruido y la multitud al Mardi Gras. No fue hasta mucho más tarde cuando se dio cuenta de que ella era el objeto del ruido de la multitud.

Hacia el final del año escolar, las multitudes comenzaron a disminuir lentamente y, uno a uno, los padres llevaron a sus hijos de vuelta a la escuela. Al año siguiente, la escuela estaba integrada y la asistencia volvió a la normalidad.

La historia de Ruby sirvió de base para una serie de libros escritos por el psiquiatra infantil internacionalmente conocido y autor ganador del premio Pulitzer, Robert Coles. Estudió los efectos de las escuelas segregadas en los niños y la reacción de los niños ante el estrés extremo y las crisis. Se interesó por Ruby cuando, atrapado en un atasco provocado por la multitud de personas que se encontraban fuera de la escuela Frantz, fue testigo de cómo la joven, flanqueada por alguaciles federales, caminaba valientemente hacia la escuela. Coles empezó a aconsejarla, ayudándola a transformar los sentimientos de sus experiencias en palabras e imágenes.

De adulta, se casó, convirtiéndose en Ruby Bridges-Hall, y fue madre de cuatro niños. Durante sus 40 años, vivió una crisis familiar. En 1993 su hermano fue asesinado y ella se convirtió en madre de sus cuatro hijas pequeñas. Impulsada por un sentido de propósito, comenzó a trabajar como enlace con los padres en la escuela Frantz, su antigua escuela. Con los años, Frantz se había convertido en una escuela exclusivamente afroamericana. En 1994 creó la Fundación Educativa Ruby Bridges para ayudar a los alumnos necesitados y mejorar las instalaciones escolares. Animó a los padres a participar en la educación de sus hijos. En 1995, la Dra. Coles escribió un libro para jóvenes escolares titulado La historia de Ruby Bridges. Bridges recorrió el país promocionando el libro de Coles, y todos los derechos de autor se destinaron a su fundación.

En 1996 Ruby Bridges participó en el relevo de la antorcha olímpica, llevando la antorcha a través de Nueva Orleans. En 1998, su historia fue contada en una película de Disney hecha para la televisión, Ruby Bridges.

Sus memorias, Through My Eyes, se publicaron en 1999. Ese mismo año creó la Fundación Ruby Bridges, que utiliza iniciativas educativas para promover la tolerancia y la unidad entre los escolares.

Destacados

- Ruby Bridges, en su totalidad Ruby Nell Bridges, era la mayor de ocho hijos, nacida en la pobreza en el estado de Mississippi.
- De los seis estudiantes afroamericanos designados para integrar la escuela, Bridges fue el único que se matriculó.
- El 14 de noviembre de 1960, su primer día, fue escoltada a la escuela por cuatro alguaciles federales.
- Bridges pasó todo el día en el despacho del director mientras los padres furiosos entraban en la escuela para llevarse a sus hijos.

Preguntas de investigación

1. ¿Quién es su mujer favorita, empoderada e inspiradora?
2. ¿A qué (mujer) esperas parecerte de mayor?
3. ¿Hay alguna mujer que le dé sentido a su vida cada día?

Greta Thunberg (nacida en 2003)

Activista climático sueco

"He aprendido que nunca se es demasiado pequeño para marcar la diferencia".

La activista sueca Greta Thunberg trabajó para abordar el problema del calentamiento global. Fundó un movimiento conocido como Fridays for Future (también llamado School Strike for Climate). Thunberg comenzó el movimiento en agosto de 2018 cuando faltó a la escuela para sentarse frente al parlamento sueco con un cartel que decía (en sueco) "Huelga escolar por el clima." Poco más de un año después, en septiembre de 2019, millones de manifestantes marcharon en huelgas climáticas en más de 163 países.

Greta Tintin Eleonora Ernman Thunberg nació el 3 de enero de 2003 en Estocolmo, Suecia. Su madre era cantante de ópera y su padre, actor. A Thunberg se le diagnosticó el síndrome de Asperger, que actualmente se considera un trastorno del espectro autista (TEA). Se caracteriza por anomalías en las interacciones sociales (como en el autismo clásico) pero con una inteligencia y un desarrollo del lenguaje normales. Las personas con síndrome de Asperger tienden a concentrarse profundamente en una idea o interés.

La causa de Greta Thunberg se convirtió en el cambio climático. Thunberg se enteró del cambio climático cuando tenía unos ocho años. En pocos años cambió sus propios hábitos, haciéndose vegana y negándose a viajar en avión. (Tanto el ganado como los aviones emiten una gran cantidad de gases que contribuyen al calentamiento global).

En las semanas previas a las elecciones suecas de 2018, Thunberg se sentó frente al edificio del Parlamento con su cartel. Esperaba espolear a los legisladores para que abordaran el problema del cambio climático. El primer día de la huelga estuvo sola, pero cada día que volvía, más y más personas se unían a ella.

Después de las elecciones, Greta Thunberg volvió a la escuela, pero siguió faltando a clase los viernes para hacer huelga. Estos días se llamaron Viernes por el Futuro. Su acción inspiró a cientos de miles de estudiantes de todo el mundo a participar en sus propios Viernes por el Futuro. Los estudiantes celebraron huelgas en muchos países, como Bélgica, Canadá, Estados Unidos, Reino Unido, Finlandia, Dinamarca, Francia y los Países Bajos.

Poco después de que Greta Thunberg comenzara su huelga, recibió invitaciones para hablar sobre el cambio climático. Habló en varios eventos climáticos de las Naciones Unidas, en el Foro Económico Mundial de Davos (Suiza) y en el Parlamento Europeo.

Greta Thunberg también ha intervenido ante los órganos legislativos de Italia, Francia, Reino Unido y Estados Unidos. Sus discursos se recogieron en un libro y se publicaron como No One Is Too Small to Make a Difference (2019). En 2019 la revista Time nombró a Thunberg una de sus Líderes de la Próxima Generación y su Persona del Año.

Destacados

- Greta Thunberg, en su totalidad Greta Tintín Eleonora Ernman Thunberg, fue diagnosticada con el síndrome de Asperger, que ahora se considera un trastorno del espectro autista (TEA).
- Además de su labor medioambiental, a Thunberg se le atribuye el mérito de concienciar sobre el Asperger e inspirar a quienes padecen este trastorno.
- Aunque reconoce que el Asperger le ha obstaculizado en algunos aspectos, también señala sus ventajas, y en un momento dado tuitea: "Tengo Asperger y eso significa que a veces soy un poco diferente de la norma. Y -dadas las circunstancias adecuadas- ser diferente es un superpoder".
- Nadie es demasiado pequeño para marcar la diferencia (2019) es una recopilación de sus discursos.
- El documental I Am Greta apareció en 2020.

Preguntas de investigación

---

1. ¿Tiene alguna experiencia personal con mujeres que inspiren a la gente?
2. Describa a la mejor mujer que conoce y lo que hace que inspira a los demás.
3. ¿Cuál es su definición de "mujer intrépida"?

Gertrude Ederle (1905-2003)

Nadador estadounidense

La nadadora estadounidense Gertrude Ederle fue la primera mujer en cruzar a nado el Canal de la Mancha, hazaña que logró el 6 de agosto de 1926. Completó la travesía en sólo 14 horas y 31 minutos, superando el récord masculino en 1 hora y 59 minutos. Lo hizo a pesar de que el mar embravecido la obligó a nadar 35 millas (56 kilómetros) para cubrir la distancia de 21 millas (34 kilómetros).

Gertrude Caroline Ederle nació en Nueva York el 23 de octubre de 1905. Comenzó a nadar de forma competitiva a una edad temprana. En 1922 ya era lo suficientemente experta como para batir siete récords en una tarde en un encuentro en Brighton Beach (Nueva York).

En los Juegos Olímpicos de 1924, Gertrude Ederle ganó dos medallas de bronce individuales y una de oro como miembro del equipo de relevos de estilo libre. Antes de convertirse en profesional en 1925, Ederle había batido un total de 29 récords nacionales y mundiales de aficionados.

En 1925, Ederle hizo su primer intento, sin éxito, de nadar el Canal de la Mancha. Al año siguiente, el éxito de su intento la convirtió en una celebridad de la noche a la mañana, y Ederle estuvo de gira dando exhibiciones de natación. Una lesión en la columna vertebral en 1933 le obligó a llevar escayola durante casi cuatro años.

Sin embargo, Ederle se recuperó y volvió a nadar para el público. El récord que estableció para cruzar el Canal de la Mancha se mantuvo hasta 1950, cuando lo batió Florence Chadwick, otra nadadora estadounidense. Ederle murió el 30 de noviembre de 2003 en Wyckoff, Nueva Jersey.

Destacados

- Gertrude Ederle, cuyo nombre completo es Gertrude Caroline Ederle, fue la primera mujer que cruzó a nado (1925) el Canal de la Mancha y uno de los personajes deportivos estadounidenses más conocidos de la década de 1920.
- Fue una de las principales exponentes del crawl de ocho tiempos (ocho patadas por cada brazada completa) y entre 1921 y 1925 ostentó 29 récords nacionales y mundiales de natación amateur.
- En los Juegos Olímpicos de 1924 en París, formó parte del equipo estadounidense que ganó la medalla de oro en el relevo de 4 × 100 metros estilo libre.
- En 1925, Ederle intentó sin éxito cruzar a nado el Canal de la Mancha, pero al año siguiente regresó a Francia para volver a intentarlo.
- Ederle, cuya audición quedó permanentemente dañada cuando logró su triunfo en el Canal de la Mancha, se convirtió más tarde en instructora de natación para niños sordos.
- Gertrude Ederle ingresó en el Salón Internacional de la Fama de la Natación en 1965 y en el Salón de la Fama del Deporte Femenino en 1980.

---

1. ¿Alguna vez te han dicho que tengas cuidado y que el mundo es demasiado peligroso?
2. ¿Cuál es su película favorita en la que aparecen mujeres intrépidas?
3. ¿Qué dirías si alguien te describiera como alguien intrépido y grande contra todo pronóstico?

Maya Lin (nacida en 1959)

Escultor y arquitecto estadounidense

Maya Lin es una escultora y arquitecta estadounidense. Es conocida por haber diseñado el Monumento a los Veteranos de Vietnam en Washington, D.C., cuando aún era estudiante universitaria. Se inauguró en 1982. Su monumento a los derechos civiles se inauguró en Montgomery, Alabama, en 1989.

Maya Lin nació el 5 de octubre de 1959 en Athens, Ohio. Sus padres eran chinos. Abandonaron China antes de la toma del poder comunista en 1949 y se establecieron en Ohio. Allí su madre enseñaba literatura y su padre era el decano de Bellas Artes de la Universidad de Ohio.

Cuando Maya estudiaba en la Universidad de Yale, se presentó a un concurso para diseñar un monumento a los veteranos de Vietnam. Su diseño fue elegido entre 1.420 propuestas. Consistía en un muro de granito negro con la inscripción de los nombres de los aproximadamente

58.000 estadounidenses que murieron en la guerra de Vietnam o que estuvieron desaparecidos en combate.

Este plan mínimo contrastaba con el formato tradicional de un monumento conmemorativo, que suele incluir una escultura heroica. Algunos veteranos protestaron diciendo que su diseño no era apropiado. La controversia subsiguiente llevó a la colocación de una escultura de bronce realista cerca de la entrada del lugar, además del monumento de Lin.

Tras licenciarse en Yale en 1981, Lin realizó estudios de postgrado en arquitectura. Maya Lin estudió primero en Harvard y luego volvió a Yale. Lin obtuvo un máster y un doctorado en Yale en 1981 y 1986, respectivamente.

En 1988, Lin aceptó diseñar un monumento para el movimiento de los derechos civiles en nombre del Southern Poverty Law Center. Su diseño consistía en dos elementos: un muro curvo de granito negro y un gran disco. El muro lleva inscrita una cita de Martin Luther King, Jr. El disco lleva las fechas de los principales acontecimientos de la era de los derechos civiles y los nombres de 40 personas que murieron luchando por la causa. El agua fluye suavemente sobre ambas partes del monumento.

Las demás obras de Lin van desde pequeñas esculturas y escenografías hasta grandes instalaciones ambientales. Muchas de sus obras se inspiran en las características naturales y el paisaje de la Tierra. En una serie de "campos de olas", por ejemplo, remodeló terrenos cubiertos de hierba para que parecieran olas del mar.

Entre sus otras obras a gran escala se encuentran una escultura de piedra en Yale en conmemoración de la coeducación y un parque topiario en Carolina del Norte. Los proyectos arquitectónicos de Lin incluyen diseños para la Biblioteca Langston Hughes (1999), en Clinton, Tennessee, y para el Museo de Chinos en América (2009) en la ciudad de Nueva York.

La película de Freida Lee Mock y Terry Sanders sobre su obra, Maya Lin: A Strong, Clear Voice, ganó el Premio de la Academia de 1994 al mejor documental. Lin recibió la Medalla Nacional de las Artes en 2009 y la Medalla Presidencial de la Libertad en 2016.

Destacados

- Maya Lin se licenció en 1981 en la Universidad de Yale, en New Haven (Connecticut), donde estudió arquitectura y escultura.
- Durante su último año se presentó a un concurso nacional patrocinado por el Fondo Conmemorativo de los Veteranos de Vietnam para crear un diseño para un monumento en honor a los que habían servido y muerto en esa guerra.
- El diseño premiado de Lin consistía en un muro de granito negro pulido en forma de V con los nombres de los aproximadamente 58.000 hombres y mujeres muertos o desaparecidos en combate.
- Muchas de sus obras, desde pequeñas esculturas expuestas en galerías hasta grandes instalaciones ambientales, se inspiran en las características naturales y el paisaje de la Tierra.

Preguntas de investigación

---

1. ¿Conoce a alguien que se haya aferrado a sus sueños sin importarle lo que piensen los demás?
2. ¿Ha tomado alguna decisión que vaya en contra de las normas esperadas en nuestra sociedad?
3. ¿Qué mujer famosa le ha inspirado a no tener miedo a lo largo de su vida?

Jane Goodall (nacida en 1934)

Primatólogo, etólogo y antropólogo británico

La etóloga británica Jane Goodall es más conocida por sus investigaciones excepcionalmente detalladas y de larga duración sobre los chimpancés del Parque Nacional del Arroyo Gombe, en Tanzania. A lo largo de los años pudo corregir numerosos malentendidos sobre estos animales.

Goodall nació el 3 de abril de 1934 en Londres, Inglaterra. Desde muy joven se interesó por el comportamiento de los animales. Tras dejar la escuela a los 18 años, trabajó como secretaria y como asistente de producción cinematográfica hasta que consiguió viajar a África. Una vez allí, Goodall empezó a ayudar al paleontólogo y antropólogo Louis Leakey. Su asociación con Leakey la llevó a establecer, en junio de 1960, un campamento en la Reserva de Caza del Arroyo Gombe (ahora parque nacional) para poder observar el comportamiento de los chimpancés de la región.

En 1964 Goodall se casó con un fotógrafo holandés que había sido enviado en 1962 a Tanzania para filmar su trabajo (posteriormente se divorciaron). La Universidad de Cambridge le concedió a Goodall un doctorado en etología en 1965; fue una de las pocas candidatas que recibieron un título de doctorado sin haber obtenido antes una licenciatura. Salvo breves periodos de ausencia, Goodall y su familia permanecieron en Gombe hasta 1975, dirigiendo a menudo el trabajo de campo de otros doctorandos. En 1977 cofundó el Instituto Jane Goodall para la Investigación, Educación y Conservación de la Vida Silvestre en California. El centro trasladó posteriormente su sede a la zona de Washington, D.C. Goodall también creó otras iniciativas, como Jane Goodall's Roots & Shoots (1991), un programa de servicios para jóvenes.

Durante su investigación, Goodall descubrió que los chimpancés son omnívoros, no vegetarianos, y que son capaces de fabricar y utilizar herramientas. También descubrió que tienen un conjunto de conductas sociales complejas y muy desarrolladas que antes no eran reconocidas por los humanos.

Destacados

- Jane Goodall, en su totalidad Jane Goodall, se interesó por el comportamiento de los animales desde una edad temprana, dejando la escuela a los 18 años.
- Trabajó como secretaria y como asistente de producción cinematográfica hasta que consiguió un pasaje a África. Una vez allí, Goodall comenzó a ayudar al paleontólogo y antropólogo Louis Leakey.
- En 1965, la Universidad de Cambridge le concedió a Goodall un doctorado en etología; fue una de las pocas candidatas a recibir un doctorado sin haber obtenido antes una licenciatura.
- Goodall escribió una serie de libros y artículos sobre diversos aspectos de su trabajo, entre los que destaca In the Shadow of Man (1971).
- Goodall siguió escribiendo y dando conferencias sobre temas medioambientales y de conservación hasta principios del siglo XXI.

Preguntas de investigación

---

1. ¿Cuándo fue la primera vez que encontró modelos femeninos fuertes, como su madre o su profesora?
2. ¿Quiénes son las mujeres que más admiras? ¿Qué cualidades te recuerdan a ellas?
3. ¿Se le ocurre alguna historia de una mujer que le inspire?

Mary Seacole (1805-1881)

Enfermera y heroína de la Guerra de Crimea

La enfermera jamaicana Mary Seacole atendió a los soldados británicos en el campo de batalla durante la Guerra de Crimea (1853-56). Los remedios de Seacole para el cólera y la disentería fueron especialmente valorados.

Mary Jane Grant nació en 1805 en Kingston, Jamaica. Su padre era un soldado escocés y su madre una mujer negra jamaicana libre con conocimientos de medicina tradicional. En 1836 Grant se casó con Edwin Horatio Seacole y, durante sus viajes a las Bahamas, Haití y Cuba, adquirió más conocimientos sobre las medicinas y los tratamientos locales.

Tras la muerte de su marido en 1844, Seacole adquirió más experiencia como enfermera durante una epidemia de cólera en Panamá. Cuando

Mary Seacole regresó a Jamaica, atendió a las víctimas de la fiebre amarilla, muchas de las cuales eran soldados británicos.

Seacole se encontraba en Londres, Inglaterra, en 1854, cuando se enteró de la falta de suministros y cuidados de enfermería para los soldados en la Guerra de Crimea. A pesar de su experiencia, sus ofertas para ser enviada al frente a ayudar fueron rechazadas; ella atribuyó su rechazo a los prejuicios raciales.

 En 1855, Mary Seacole se dirigió a Crimea (actualmente en Ucrania) y estableció el Hotel Británico para vender alimentos, suministros y medicinas a las tropas. Asistió a los heridos en los hospitales militares y a las bajas en el frente. Al final de la guerra, Mary Seacole regresó a Inglaterra, pobre y enferma.

En 1857 se publicó la autobiografía de Seacole, Wonderful Adventures of Mrs. Seacole in Many Lands, que se convirtió en un éxito de ventas. Se recaudaron fondos para reconocer sus contribuciones en Crimea, y recibió condecoraciones de Francia, Inglaterra y Turquía. Mary Seacole murió el 14 de mayo de 1881 en Londres.

Destacados

- En 1836 Mary Grant se casó con Edwin Horatio Seacole, y durante sus viajes a las Bahamas, Haití y Cuba amplió sus conocimientos sobre las medicinas y los tratamientos locales.
- Tras la muerte de su marido en 1844, adquirió más experiencia como enfermera durante una epidemia de cólera en Panamá y, tras regresar a Jamaica, atendió a las víctimas de la fiebre amarilla, muchas de las cuales eran soldados británicos.
- A pesar de su experiencia, sus ofertas para servir como enfermera del ejército fueron rechazadas, y ella atribuyó su rechazo a los prejuicios raciales.
- En 1855, con la ayuda de un pariente de su marido, fue a Crimea como suteladora, montando el Hotel Británico para vender comida, suministros y medicinas a las tropas.

1. ¿Cuál fue el último consejo que te dio tu madre antes de irte a la escuela o al trabajo?
2. ¿Hay alguna mujer en la historia que le inspire a seguir o hacer algo extraordinario?
3. ¿Qué es lo mejor que puede hacer una mujer en tiempos difíciles?

Jane Austen (1775-1817)

Novelista inglés

A través de sus retratos de gente corriente en la vida cotidiana, Jane Austen dio al género de la novela su carácter moderno. Comenzó a escribir a una edad temprana. A los 15 años Jane Austen escribía obras de teatro y sketches para divertir a su familia, y a los 21 años ya había empezado a escribir novelas que se cuentan entre las mejores de la literatura inglesa.

Jane Austen nació el 16 de diciembre de 1775 en la casa parroquial de Steventon, un pueblo de Hampshire, Inglaterra. Tenía seis hermanos y una hermana. Su padre, el reverendo George Austen, era rector del pueblo. Aunque ella y su hermana asistieron brevemente a diferentes escuelas, Jane fue educada principalmente por su padre, que enseñaba a sus propios hijos y a varios alumnos que se alojaban en la familia.

Su padre se retiró cuando Jane Austen tenía 25 años. Para entonces, sus hermanos, dos de los cuales llegaron a ser almirantes, ya tenían sus propias carreras y familias. Jane, su hermana Cassandra y sus padres se fueron a vivir a Bath. Tras la muerte del padre en 1805, la familia vivió temporalmente en Southampton antes de establecerse finalmente en Chawton.

Todas las novelas de Jane Austen son historias de amor. Sin embargo, ni Jane ni su hermana se casaron nunca. Hay indicios de dos o tres romances en la vida de Jane, pero poco se sabe de ellos, pues Cassandra destruyó todas las cartas de carácter personal tras la muerte de Jane. Los hermanos tenían familias numerosas, y Jane era la favorita de sus sobrinos.

Jane Austen escribió dos novelas antes de cumplir los 22 años. Más tarde las revisó y publicó como Sentido y sensibilidad (1811) y Orgullo y prejuicio (1813). Terminó su tercera novela, La abadía de Northanger, cuando tenía 27 ó 28 años, pero no se publicó hasta después de su muerte.

Jane Austen escribió tres novelas más al final de sus 30 años: Mansfield Park (1814), Emma (1816) y Persuasión (publicada junto con La abadía de Northanger en 1818).

Austen escribió sobre el mundo que conocía. Sus novelas retratan la vida de la alta burguesía y el clero de la Inglaterra rural, y se desarrollan en los pueblos y barrios del campo, con una visita ocasional a Bath y Londres. Su mundo era pequeño, pero Jane Austen lo veía con claridad y lo retrataba con ingenio y distanciamiento. Describió su escritura como "el pequeño trozo (de dos pulgadas de ancho) de marfil en el que trabajo con un pincel tan fino, que produce poco efecto después de mucho trabajo".

Jane Austen murió el 18 de julio de 1817, tras una larga enfermedad. Pasó las últimas semanas de su vida en Winchester, cerca de su médico, y está enterrada en la catedral de esa ciudad.

Destacados

- La primera de sus novelas publicadas en vida, Sentido y sensibilidad, se empezó a escribir hacia 1795 como una novela de cartas llamada "Elinor y Marianne", en honor a sus heroínas. Mientras tanto, en 1811 Austen había comenzado Mansfield Park, que terminó en 1813 y se publicó en 1814.
- De todas las novelas de Austen, Emma es la que tiene un tono más cómico.
- La perdurable popularidad de los libros de Austen queda patente en las numerosas adaptaciones cinematográficas y televisivas de su obra.
- Orgullo y prejuicio fue adaptada en una película de 1940 protagonizada por Greer Garson y Laurence Olivier, una miniserie (1995) con Jennifer Ehle y Colin Firth, y una película (2005) con Keira Knightley y Matthew Macfadyen.

Preguntas de investigación

---

1. ¿Quiénes son sus mujeres favoritas en la literatura?
2. ¿Qué le dirías a una mujer que piensa que no es suficiente?
3. ¿Qué consejo daría a las chicas de todo el mundo para que no tengan miedo y consigan sus objetivos?

Coco Chanel (1883-1971)

Diseñador de moda francés

La diseñadora de moda francesa Coco Chanel lideró el mundo de la alta costura en París, Francia, durante casi seis décadas. Sus diseños, elegantemente desenfadados, inspiraron a las mujeres a abandonar las complicadas e incómodas prendas -como las enaguas y los corsés- que eran habituales en el siglo XIX. Entre sus innovaciones, ahora clásicas, están el traje sin cuello, los pantalones de campana, la bisutería y el "pequeño vestido negro".

Gabrielle Bonheur Chanel nació el 19 de agosto de 1883 en Saumur, Francia. Después de que su madre muriera cuando Chanel era pequeña, su padre la ingresó en un orfanato. Tras trabajar brevemente como dependienta, Coco Chanel cantó durante unos años en un café.

En 1913, Coco Chanel abrió una pequeña sombrerería en Deauville (Francia). Allí también vendía ropa deportiva sencilla, como jerséis de punto. En cinco años, sus diseños atrajeron la atención de las mujeres adineradas que buscaban un alivio de los estilos restrictivos predominantes.

La ropa de Coco Chanel hacía hincapié en la sencillez y la comodidad y revolucionó la industria de la moda. A finales de la década de 1920, las industrias de Chanel empleaban a 3.500 personas e incluían una casa de moda, un negocio textil, laboratorios de perfumería y un taller de bisutería.

Gran parte del imperio de Chanel giraba en torno a Chanel nº 5, el perfume que introdujo en 1922. El perfume, una combinación de jazmín y otras fragancias florales, era más complejo y misterioso que los perfumes de una sola fragancia que había entonces en el mercado.

El hecho de que Chanel fuera la primera gran diseñadora de moda en introducir un perfume y que utilizara un frasco sencillo y elegante también contribuyó al éxito de la fragancia. Una asociación con los empresarios que producían y comercializaban su fragancia le dejó sólo un pequeño porcentaje de los derechos de autor. A pesar de las demandas judiciales, Coco Chanel no consiguió recuperar el control de su fragancia.

Chanel cerró su casa de moda en 1939 con el estallido de la Segunda Guerra Mundial, pero regresó en 1954. Tras su muerte el 10 de enero de 1971 en París, su casa de moda fue dirigida por una serie de diseñadores diferentes. Esta situación se estabilizó en 1983, cuando Karl Lagerfeld se convirtió en diseñador jefe.

Destacados

- Coco Chanel nació en la pobreza en la campiña francesa; su madre murió y su padre la abandonó en un orfanato.
- Los diseños elegantemente desenfadados de Coco Chanel inspiraron a las mujeres de la moda a abandonar las complicadas e incómodas prendas -como las enaguas y los corsés- que predominaban en la vestimenta del siglo XIX.

- Tras su muerte en 1971, la casa de alta costura de Chanel fue dirigida por una serie de diseñadores, siendo el mandato de Karl Lagerfeld (1983-2019) el más largo e influyente.
- La sagaz comprensión de Chanel de las necesidades de la moda de las mujeres, su ambición emprendedora y los aspectos románticos de su vida -su ascenso de la pobreza a la riqueza y sus sensacionales relaciones amorosas- siguieron inspirando numerosos libros biográficos, películas y obras de teatro, incluido el musical de Broadway de 1970 Coco, protagonizado por Katharine Hepburn.

Preguntas de investigación

---

1. ¿Cuál es uno de los mejores recuerdos que tiene que involucra a una mujer que fue increíble?
2. ¿Quién ha sido su mayor modelo a seguir mientras crecía, y por qué?
3. ¿Has tenido alguna experiencia en la que la opinión de alguien haya importado más que la tuya, por su género o por el color de su piel o por alguna otra cosa que pudiera hacerla parecer "menos humana"?

Frida Kahlo (1907-1954)

Pintor mexicano

"No pinto sueños ni pesadillas, pinto mi propia realidad".

La pintora mexicana Frida Kahlo creó autorretratos de colores intensos y brillantes pintados en un estilo primitivista. Se inspiró en su herencia mexicana e incorporó símbolos nativos y religiosos a su obra. Frida Kahlo se casó dos veces con el artista Diego Rivera, que la animó e influyó en su pintura.

Magdalena Carmen Frida Kahlo y Calderón nació el 6 de julio de 1907 en Coyoacán, México. Salvo que recibió una formación artística básica en el estudio de fotografía de su padre y que tomó dos clases mientras era estudiante, fue autodidacta como artista.

En 1925, Frida Kahlo sufrió un accidente de autobús que la hirió tan gravemente que fue sometida a unas tres docenas de operaciones. Durante su lenta recuperación del trauma, Kahlo comenzó a pintar. Kahlo mostró sus primeros trabajos a Rivera, a quien había conocido unos años antes, y éste la animó a seguir pintando.

Casi la mitad de las obras de Frida Kahlo son autorretratos, en los que explora su identidad como mujer, como mexicana y como artista. Debido a sus continuos problemas médicos, los retratos la retratan frecuentemente en agonía física.

Después de que Kahlo se casara con Rivera en 1929, viajó con él durante unos años a Estados Unidos, donde había recibido encargos para realizar varios murales. Su estancia en Estados Unidos reforzó su nacionalismo mexicano y, tras su regreso a México, Frida Kahlo siguió defendiendo la identidad y la cultura nacionales.

Frida Kahlo fue políticamente activa como comunista y dio refugio al líder soviético exiliado León Trotsky a finales de la década de 1930. La relación de Kahlo y Rivera fue intensa, compleja y tensa por sus numerosas infidelidades. Se separaron en 1939, pero se volvieron a casar en 1941.

En 1938 Kahlo conoció a André Breton, uno de los principales surrealistas, que defendió su obra. Tanto Breton como Marcel Duchamp influyeron en la organización de algunas de las exposiciones de su obra en Estados Unidos y Europa. Aunque Kahlo llegó a ser identificada como surrealista, renegó de esa etiqueta.

En 1943 Frida Kahlo fue nombrada profesora de pintura en La Esmeralda, la Escuela de Bellas Artes del Ministerio de Educación. Tras padecer durante años una mala salud a causa de su accidente, Frida Kahlo murió el 13 de julio de 1954 en Coyoacán.

El Diario de Frida Kahlo, que abarca los años 1944-54, y Las cartas de Frida Kahlo se publicaron en 1995. En 2002 se estrenó Frida, una película sobre su vida, en la que la actriz mexicana Salma Hayek interpreta a Kahlo.

Destacados

- Frida Kahlo, cuyo nombre completo es Frida Kahlo de Rivera, nació de padre alemán de ascendencia húngara y de madre mexicana de ascendencia española e indígena.

- Tras sufrir un aborto involuntario en Detroit y, posteriormente, la muerte de su madre, Kahlo pintó algunas de sus obras más angustiosas.
- En 1943 fue nombrada profesora de pintura en La Esmeralda, la Escuela de Bellas Artes del Ministerio de Educación.
- El Museo Frida Kahlo se abrió al público en 1958, un año después de la muerte de Rivera.

Preguntas de investigación

---

1. ¿Qué opinas de tener que cumplir con los estereotipos y las normas todos los días como chica o mujer?
2. ¿Qué consejo daría a las jóvenes que quieren alcanzar sus objetivos, pero se sienten intimidadas por la gente que las rodea?
3. ¿Qué mujer de la historia cree que ha sido la más valiente?

Mary Anning (1799-1847)

Coleccionista de fósiles, comerciante y paleontólogo británico

A la prolífica cazadora de fósiles inglesa y anatomista aficionada Mary Anning se le atribuye el descubrimiento de varios especímenes de dinosaurios que contribuyeron al desarrollo temprano de la paleontología. Sus excavaciones también ayudaron a las carreras de muchos científicos británicos al proporcionarles especímenes para estudiar y enmarcar una parte importante de la historia geológica de la Tierra.

Algunos científicos señalan que los fósiles recuperados por Mary Anning pueden haber contribuido también, en parte, a la teoría de la evolución expuesta por el naturalista inglés Charles Darwin.

Mary Anning nació el 21 de mayo de 1799 en Lyme Regis, Dorset, Inglaterra. Fue una de los dos hijos que sobrevivieron del ebanista y coleccionista de fósiles aficionado Richard Anning y su esposa, Mary Moore. La familia dependía de la venta de fósiles recogidos en los acantilados cercanos a su casa, en la costa del Canal de la Mancha, como fuente de ingresos.

Tras la muerte de Richard, en 1810, la familia dependía principalmente de la caridad. Mary Anning, su hermano Joseph y su madre, que también eran coleccionistas de fósiles, complementaron sus escasos recursos vendiendo fósiles de invertebrados, como ammonoides y belemnoides, a coleccionistas y estudiosos.

En 1817, los fósiles atrajeron la atención del teniente coronel británico Thomas Birch, coleccionista de fósiles, que ayudó económicamente a la familia comprando varios ejemplares. Más tarde subastó su colección y donó los beneficios a la familia Anning durante un periodo especialmente desesperado de su vida.

A lo largo de su vida, Mary Anning también descubrió los restos de varios grandes vertebrados incrustados en los acantilados de Lyme Regis. Los acantilados, que datan de finales del Triásico a principios del Jurásico (hace entre 229 y 176 millones de años), época en la que la zona estaba sumergida y situada más cerca del Ecuador, contienen la caliza y el esquisto ricos en fósiles de la formación Blue Lias.

En 1810, su hermano encontró el primer espécimen conocido de Ichthyosaurus; sin embargo, Mary Anning fue quien lo excavó, y algunas fuentes también le atribuyen el mérito del descubrimiento. El médico británico Everard Home describió el espécimen poco después en una serie de artículos.

Su hallazgo más famoso se produjo en 1824, cuando descubrió el primer esqueleto intacto de Plesiosaurus. El espécimen era tan grande y estaba tan bien conservado que atrajo la atención del zoólogo francés Georges Cuvier, que dudó del hallazgo hasta que vio los dibujos del espécimen en un artículo del geólogo y paleontólogo inglés William Daniel Conybeare.

Después de que Cuvier autentificara el descubrimiento, la comunidad científica empezó a reconocer el valor paleontológico de los fósiles recuperados por Anning y su familia.

Las noticias sobre las excavaciones de fósiles de Anning la convirtieron en una celebridad e hicieron que paleontólogos, coleccionistas y turistas acudieran a Lyme Regis para comprarle. Mary Anning continuó recuperando otros esqueletos de ictiosaurios y plesiosaurios en los acantilados. En 1828 descubrió un pterosaurio, que se conoció como Pterodactylus (o Dimorphodon) macronyx. Fue el primer espécimen de pterosaurio encontrado fuera de Alemania.

En 1829, Mary Anning excavó el esqueleto de Squaloraja, un pez fósil que se cree que pertenece a un grupo de transición entre los tiburones y las rayas.

Anning aprendió por sí misma geología, anatomía, paleontología e ilustración científica. A pesar de su falta de formación científica formal, sus descubrimientos, su conocimiento de la zona y su habilidad para clasificar fósiles sobre el terreno le granjearon una gran reputación entre los hombres de la paleontología, en su mayoría de clase alta.

En sus posteriores expediciones de caza participaron a veces científicos famosos de la época, como el geólogo y ministro británico William Buckland y el anatomista y paleontólogo británico Richard Owen, que propuso el término Dinosauria en 1842. Anning también mantuvo correspondencia y vendió fósiles a otros científicos destacados, como Cuvier y el geólogo inglés Adam Sedgwick.

Sin embargo, Anning no recibió todo el crédito por muchos de los fósiles que excavó. Los coleccionistas que donaban especímenes a las instituciones solían recibir el crédito por su descubrimiento.

De los muchos especímenes que Mary Anning encontró y recuperó, varios fueron descritos en prestigiosas revistas sin mencionar siquiera su nombre. Sin embargo, algunos científicos famosos de la época, como el geólogo británico Henry De la Beche y el paleontólogo británico Gideon Mantell, sí la mencionaron en sus trabajos.

Hacia el final de su vida, Anning cobró anualidades de la Asociación Británica para el Avance de la Ciencia y de la Sociedad Geológica de Londres, creadas en reconocimiento a sus contribuciones a la ciencia. Tras su muerte, el presidente de la Sociedad Geológica la elogió en su discurso anual, a pesar de que las primeras mujeres no serían admitidas en la organización hasta 1904.

En 2010 Anning fue reconocida por la Royal Society como una de las 10 mujeres científicas más influyentes de la historia británica. Mary Anning murió el 9 de marzo de 1847 en Lyme Regis.

Destacados

- Mary Anning fue una prolífica cazadora de fósiles inglesa y anatomista aficionada a la que se atribuye el descubrimiento de varios especímenes de dinosaurios que contribuyeron al desarrollo temprano de la paleontología.
- Las noticias sobre las excavaciones de fósiles de Anning la convirtieron en una celebridad e hicieron que paleontólogos, coleccionistas y turistas acudieran a Lyme Regis para comprarle.
- Mary Anning descubrió un pterosaurio en 1828, que se conoció como Pterodactylus (o Dimorphodon) macronyx. Fue el primer espécimen de pterosaurio encontrado fuera de Alemania.
- En 1829 excavó el esqueleto de Squaloraja, un pez fósil que se cree que pertenece a un grupo de transición entre los tiburones y las rayas.
- Sus excavaciones ayudaron a las carreras de muchos científicos británicos al proporcionarles especímenes para estudiar y enmarcar una parte importante de la historia geológica de la Tierra.

1. ¿Qué consejo ha sido inestimable en su vida?
2. Si tuviera que dar un discurso a la gente sobre cómo conquistó el miedo, ¿qué diría?

3. ¿Quiénes son algunas de las personas que han influido en
    nuestra sociedad de manera profunda a través de sus logros
    intrépidos y la realización de cambios importantes en el mundo
    que les rodea?

Amelia Earhart (1897-1937)

Aviador estadounidense

"Las mujeres deben intentar hacer las cosas como las han intentado los hombres. Cuando fracasan, su fracaso no debe ser más que un reto para los demás".

Amelia Earhart fue la primera mujer -y la segunda persona- en cruzar el Océano Atlántico en solitario. Su desaparición durante un vuelo alrededor del mundo en 1937 ha seguido siendo un misterio en el siglo XXI.

Amelia Mary Earhart nació el 24 de julio de 1897 en Atchison, Kansas. Su padre era abogado ferroviario y su madre procedía de una familia adinerada. De niña, Earhart era aventurera e independiente.

Tras la muerte de sus abuelos, la familia pasó apuros económicos y se mudó a menudo. Amelia Earhart terminó la escuela secundaria en Chicago, Illinois, en 1916. Después de que su madre recibiera su herencia,

Earhart asistió a la Escuela Ogontz para niñas en Rydal, Pennsylvania. Sin embargo, durante una visita a su hermana en Canadá, se interesó por el cuidado de los soldados heridos en la Primera Guerra Mundial. En 1918 dejó la escuela para convertirse en auxiliar de enfermería en Toronto, Ontario.

Después de la guerra, ingresó en el programa de medicina de la Universidad de Columbia en Nueva York. Amelia Earhart se marchó en 1920 después de que sus padres insistieran en que viviera con ellos en California. Ese mismo año realizó su primer viaje en avión.

La experiencia la llevó a tomar clases de vuelo. En 1921, Amelia Earhart compró su primer avión, un Kinner Airster. Dos años más tarde obtuvo su licencia de piloto. A mediados de la década de 1920, Earhart se trasladó a Massachusetts, donde se convirtió en trabajadora social para inmigrantes en Boston. Earhart también continuó con su interés por la aviación.

A finales de la década de 1920, los promotores intentaron que una mujer cruzara en avión el Océano Atlántico. En abril de 1928, Earhart fue seleccionada para el vuelo. El 17 de junio partió de Trepassey, Terranova, Canadá, como pasajera en un hidroavión. (Wilmer Stultz y Louis Gordon eran los pilotos).

Tras aterrizar en Burry Port, Gales, el 18 de junio, Earhart se convirtió en una celebridad internacional. Amelia Earhart escribió sobre el vuelo en 20 Hrs. 40 Min. (1928) y dio conferencias por todo Estados Unidos.

El editor George Palmer Putnam había ayudado a organizar el histórico vuelo y se encargó de la publicidad. La pareja se casó en 1931, pero Earhart continuó su carrera con su nombre de soltera. Ese año, Earhart también pilotó un autogiro (una de las primeras formas de helicóptero) hasta una altura récord de 18.415 pies (5.613 metros).

El 20 y 21 de mayo de 1932, Earhart realizó un vuelo en solitario a través del Atlántico en su avión Lockheed Vega. Salió de Harbour Grace, Terranova, y llegó a Londonderry, Irlanda del Norte. Earhart completó el vuelo en un tiempo récord de 14 horas y 56 minutos, a pesar de tener varios problemas.

Amelia Earhart tuvo dificultades mecánicas y mal tiempo y no pudo aterrizar en su destino previsto, París, Francia. Después publicó The Fun of It (1932), en el que escribió sobre su vida y su interés por volar. Earhart emprendió entonces una serie de vuelos a través de Estados Unidos.

Amelia Earhart estaba muy interesada en el desarrollo de la aviación comercial y desempeñó un papel activo en la apertura del campo a las mujeres. Durante un tiempo, Earhart fue vicepresidenta de Ludington Airlines, que operó uno de los primeros servicios regulares de pasajeros entre Nueva York y Washington D.C.

En 1929, Amelia Earhart ayudó a fundar una organización de mujeres piloto que posteriormente se conoció como las Noventa Nueve. Earhart fue su primera presidenta. Además, en 1933 lanzó una línea de ropa para mujeres.

En 1935, Amelia Earhart hizo historia con el primer vuelo en solitario de Hawai a California. La peligrosa ruta tenía una longitud de 2.408 millas (3.875 kilómetros), una distancia mayor que la de Estados Unidos a Europa.

Amelia Earhart partió de Honolulu el 11 de enero y aterrizó en Oakland al día siguiente. El vuelo duró 17 horas y 7 minutos. Ese mismo año se convirtió en la primera persona en volar en solitario desde Los Ángeles (California) hasta Ciudad de México (México).

En 1937, Earhart se propuso dar la vuelta al mundo en un viaje de 29.000 millas (47.000 kilómetros). Fred Noonan fue su navegante y volaron en un Lockheed Electra bimotor. El 1 de junio, el equipo partió de Miami, Florida, en dirección al este. Durante las siguientes semanas hicieron varias paradas para repostar. Finalmente llegaron a Lae, Nueva Guinea, el 29 de junio. En ese momento los dos habían viajado unas 22.000 millas (35.000 kilómetros).

Amelia Earhart y Noonan partieron de Nueva Guinea el 2 de julio. Se dirigían a la isla de Howland, a unas 2.600 millas (4.200 kilómetros) de distancia. El minúsculo atolón de coral era difícil de localizar, por lo que se apostaron dos barcos estadounidenses muy iluminados para marcar la ruta.

Amelia Earhart también estuvo en contacto por radio con el Itasca, un cúter de la Guardia Costera de Estados Unidos cerca de Howland. Al final del viaje, Earhart comunicó por radio que el avión se estaba quedando sin combustible. Alrededor de una hora después anunció: "Estamos corriendo hacia el norte y el sur". Esa fue la última transmisión recibida por el Itasca.

El personal de apoyo creía que el avión había caído a unas 100 millas (160 kilómetros) de la isla. Se emprendió una extensa búsqueda para encontrar a Earhart y Noonan. Sin embargo, el 19 de julio de 1937 se suspendió la operación y se declaró a la pareja perdida en el mar.

A lo largo del viaje, Amelia Earhart envió a su marido diversos materiales, entre ellos cartas y anotaciones en su diario. Estos fueron publicados en Last Flight (1937).

La misteriosa desaparición de Earhart cautivó la imaginación del público y generó numerosas teorías y reclamaciones. Algunos creían que Earhart y Noonan se habían estrellado en otra isla tras no poder localizar a Howland. Otros sugirieron que los japoneses los habían capturado. Sin embargo, no se encontraron pruebas concluyentes de tales afirmaciones.

La mayoría de los expertos creen que el avión de Earhart se estrelló en el Pacífico, cerca de Howland, tras quedarse sin combustible. Amelia Earhart se convirtió en el tema de numerosos libros y películas.

Destacados

- Decidida a justificar el renombre que le había proporcionado su travesía de 1928, Earhart cruzó el Atlántico en solitario los días 20 y 21 de mayo de 1932.
- Su vuelo en su Lockheed Vega desde Harbour Grace (Terranova) hasta Londonderry (Irlanda del Norte) se completó en un tiempo récord de 14 horas y 56 minutos, a pesar de que hubo varios problemas.
- La desaparición de Amelia Earhart durante un vuelo alrededor del mundo en 1937 se convirtió en un misterio perdurable, alimentando muchas especulaciones. Algunos creían que ella y Noonan se habían estrellado en otra isla tras no poder localizar a

Howland, y otros afirmaban que habían sido capturados por los
japoneses.

- La mayoría de los expertos creen que el avión de Earhart se
estrelló en el Pacífico cerca de Howland tras quedarse sin
combustible.

---

1. ¿Cuáles son las tres cualidades que conforman una heroína?
2. Si tuvieras que hablarle a tu mejor amigo de una mujer o chica
inspiradora, ¿quién sería y por qué?
3. ¿Cómo definiría el "girl power"?

Emmeline Pankhurst (1858-1928)

Activista político británico

La líder sufragista británica Emmeline Pankhurst luchó durante 40 años para conseguir la igualdad de derechos de voto para hombres y mujeres en Inglaterra. Su hija Christabel Harriette Pankhurst (1880-1958) también destacó en el movimiento por el sufragio femenino.

Emmeline Goulden nació el 14 de julio de 1858 en Manchester, Inglaterra. Se casó con Richard Marsden Pankhurst en 1879. Era un destacado abogado y autor del primer proyecto de ley sobre el sufragio femenino en Gran Bretaña y de las leyes sobre la propiedad de las mujeres casadas de 1870 y 1882. En 1889 fundó la Liga de la Franquicia Femenina, que consiguió para las mujeres casadas el derecho de voto en las elecciones a cargos locales.

A partir de 1895, Emmeline Pankhurst ocupó una serie de cargos municipales en Manchester. Allí, en 1903, Pankhurst cofundó con Christabel la Women's Social and Political Union (WSPU). La organización obtuvo una gran atención dos años después, cuando Christabel y otra miembro, Annie Kenney, fueron detenidas por agresión a la policía y, tras negarse a pagar las multas, fueron enviadas a prisión.

A partir de 1906, Emmeline Pankhurst dirigió las actividades de la WSPU desde Londres. Pankhurst creía que el gobierno liberal en el poder impedía el sufragio femenino, por lo que hizo campaña contra los candidatos del partido en las elecciones. Sus seguidores se unieron a la lucha interrumpiendo las reuniones de los ministros del gabinete. En 1908-09 Pankhurst fue encarcelada tres veces. Declaró una tregua en 1910, pero se rompió cuando el gobierno bloqueó un proyecto de ley de "conciliación" sobre el sufragio femenino.

A partir de julio de 1912, la WSPU se volcó en una militancia extrema, principalmente en forma de incendios provocados dirigidos por Christabel desde París, adonde había ido para evitar ser arrestada por conspiración. La propia Emmeline Pankhurst fue detenida, puesta en libertad y arrestada de nuevo 12 veces en el plazo de un año, en virtud de una ley que permitía liberar a los presos en huelga de hambre durante un tiempo para que recuperaran su salud antes de volver a ser encarcelados.

Cuando comenzó la Primera Guerra Mundial en 1914, ella y Christabel suspendieron la campaña por el sufragio, y el gobierno liberó a todos los presos sufragistas. La autobiografía de Emmeline Pankhurst, My Own Story, apareció ese mismo año.

Antes de la guerra, Pankhurst había hecho tres viajes a Estados Unidos para dar conferencias sobre el sufragio femenino. Volvió durante los años de la guerra, visitando Estados Unidos, Canadá y Rusia para fomentar la movilización industrial de las mujeres.

Emmeline Pankhurst vivió en Estados Unidos, Canadá y Bermudas hasta 1926, cuando regresó a Inglaterra. Allí, Pankhurst fue elegida candidata conservadora para una circunscripción del este de Londres, pero su salud se resintió antes de poder ser elegida. La Ley de Representación del Pueblo de 1928, que otorgaba la igualdad de sufragio a hombres y mujeres, fue aprobada pocas semanas después de su muerte, ocurrida el 14 de junio de 1928 en Londres.

Destacados

- En 1879 Emmeline Goulden se casó con Richard Marsden
  Pankhurst, abogado, amigo de John Stuart Mill, y autor del primer
  proyecto de ley sobre el sufragio femenino en Gran Bretaña (a
  finales de la década de 1860) y de las leyes sobre la propiedad de
  las mujeres casadas (1870, 1882).
- Fundó la Women's Franchise League, que consiguió (1894) que las
  mujeres casadas tuvieran derecho a votar en las elecciones a
  cargos locales (no a la Cámara de los Comunes).
- A partir de 1895 ocupó una serie de cargos municipales en
  Manchester, pero sus energías fueron cada vez más demandadas
  por la Unión Social y Política de Mujeres (WSPU), que fundó en
  1903 en Manchester.
- En 1926, a su regreso a Inglaterra, fue elegida candidata
  conservadora por una circunscripción del este de Londres, pero su
  salud se resintió antes de poder ser elegida.
- La autobiografía de Pankhurst, Mi propia historia, apareció en
  1914.

---

1. ¿Cuál es una película inspiradora con una protagonista femenina
   que muestra coraje, valentía y es realmente digna de
   admiración?
2. Cuéntenos sobre un momento especialmente duro que haya
   tenido que soportar y cómo resultó?
3. ¿Qué mujer merece más atención por ser inteligente, intrépida y
   poderosa?

Ana Frank (1929-1945)

Diarista germano-holandés

"Qué maravilloso es que nadie tenga que esperar un solo momento antes de empezar a mejorar el mundo".

Ana Frank, una de las víctimas judías más famosas del Holocausto, escribió uno de los relatos más impactantes de la vida judía durante la Segunda Guerra Mundial. Aunque el diario de Ana no se refería directamente al Holocausto, sus lectores conocieron personalmente a una de los millones de víctimas judías de la persecución nazi, y el inmenso horror y la tragedia del Holocausto se transformaron en un acontecimiento personal.

Ana (Annelies) Marie Frank nació el 12 de junio de 1929 en Fráncfort (Alemania), hija de Otto y Edith Frank, ambos procedentes de respetadas familias judías alemanas.

Ana Frank y su hermana mayor, Margot, crecieron en una Alemania cada vez más hostil a los judíos, y la hostilidad se agravó cuando el partido nacionalsocialista antijudío liderado por Adolf Hitler llegó al poder en 1933.

Al darse cuenta de que la situación de los judíos en Alemania era cada vez más peligrosa, Otto Frank fue a los Países Bajos para establecer una sucursal de la empresa de su hermano, la Dutch Opekta Company, en la ciudad de Ámsterdam.

La familia de Otto Frank se le unió poco después, y a mediados de la década de 1930, los Frank se habían instalado en una existencia relativamente feliz y libre de persecuciones por su herencia judía. Ana Frank se adaptó rápidamente a la vida en el nuevo país y entabló muchas amistades con niños judíos y no judíos.

En 1939, la inestable paz en Europa se rompió cuando las fuerzas militares alemanas comenzaron a invadir otros países europeos. La Segunda Guerra Mundial había comenzado. En mayo de 1940, los Países Bajos se rindieron a Alemania y fueron sometidos rápidamente a la ocupación alemana.

Los Países Bajos ya no podían proteger a su población judía de la persecución nazi, y la administración nazi de ocupación promulgó decretos antijudíos cada vez más severos para aislar a los judíos del resto de la población holandesa. Todos los judíos tuvieron que registrar sus negocios y posteriormente cederlos a los no judíos.

Otto Frank cedió su negocio a sus colegas no judíos, Victor Kugler y Johannes Kleiman. En 1941, Ana y Margot ya no podían ir a la escuela con los no judíos. En 1942, todos los judíos mayores de 6 años debían llevar una estrella de David amarilla en la ropa para identificarse como judíos. Pronto, los judíos holandeses fueron detenidos y deportados al campo de prisioneros de Westerbork, en el norte de Holanda.

Mientras tanto, Otto Frank preparaba los pisos superiores del anexo trasero adjunto a su oficina como lugar secreto donde su familia pudiera esconderse de los funcionarios y simpatizantes nazis y escapar de la deportación a los campos de trabajo.

Había solicitado la ayuda de Kugler y Kleiman, así como de los oficinistas Miep Gies, Jan Gies y Bep Voskuijl, para mantenerlos en la clandestinidad durante la ocupación nazi. Cuando Margot recibió un aviso de deportación el 5 de julio de 1942, la familia se escondió inmediatamente. Una semana después se unieron a los Frank el socio comercial judío de Otto, Hermann van Pels, su esposa Auguste y su hijo Peter, y en noviembre, Fritz Pfeffer.

Durante la agitación social de la ocupación nazi, Ana Frank trató de seguir con su vida como siempre, pero sintió profundamente la discriminación y el aislamiento impuestos a ella y a los demás judíos. Cuando los padres de Ana le regalaron a la solitaria niña un diario por su 13º cumpleaños, se emocionó y empezó a escribir en él enseguida.

El diario, al que llamó Kitty, se convertiría en una de las memorias más conmovedoras de la vida judía durante la Segunda Guerra Mundial en la Europa ocupada.

Durante más de dos años, los escondidos en el anexo compartieron un espacio reducido y vivieron bajo el temor constante de ser detectados por los nazis. Una estantería con bisagras era todo lo que separaba a los ocupantes del anexo del mundo exterior, y era a través de esta puerta que Miep y Bep pasaban la escasa comida y las noticias a las ocho personas.

A pesar de las molestias, intentaban llevar una vida lo más normal posible. Para Ana, Margot y Peter, esto significaba estudiar y hacer los deberes. Durante los años de clandestinidad, Ana Frank pasó de ser una niña a una adolescente que albergaba una profundidad y complejidad poco comunes, y su diario se convirtió en su mejor amigo y confidente.

Ana Frank describió los altibajos de la vida cotidiana en la clandestinidad y fue sincera con los demás e inusualmente honesta con los cambios en ella misma. Escribió algunas de las anotaciones de su diario en forma de pequeños relatos, y reescribió gran parte de su diario de marzo a agosto de 1944 tras enterarse por una emisión de la Radio Libre Holandesa de que su diario podía ser de interés histórico para otros.

Las anotaciones del diario retratan a la adolescente Ana como una chica inteligente y de espíritu libre, con un gran interés por los chicos y el cine, que seguía siendo optimista y se atrevía a soñar con sueños gloriosos a pesar de su angustioso confinamiento.

A medida que avanzaba el año 1944, los ocupantes del anexo tenían cada vez más esperanzas de que la derrota de las potencias del Eje estaba cerca, y soñaban con volver a una vida normal. Pero el 4 de agosto de 1944, un policía nazi y varios colaboradores holandeses hicieron una redada en el anexo tras recibir un soplo de un informante. Los residentes del anexo secreto fueron arrestados y enviados a Westerbork; un mes más tarde, estaban en el último transporte que salió de Westerbork hacia el campo de concentración de Auschwitz, en Polonia. La señora Frank murió de hambre en Auschwitz.

En octubre, Ana y Margot Frank fueron trasladadas desde Auschwitz al campo de concentración de Bergen-Belsen, en el noroeste de Alemania. Allí, las hermanas contrajeron pronto el tifus, y las dos murieron con pocas semanas de diferencia en marzo de 1945, un mes antes de que el campo fuera liberado por las tropas aliadas. Otto Frank fue el único residente del anexo que sobrevivió al Holocausto.

Miep Gies y Bep Voskuijl encontraron los cuadernos de Ana esparcidos por el suelo del escondite vacío tras la redada. Miep guardó el diario con la esperanza de devolvérselo a su dueña, pero se lo entregó a Otto cuando supo que Ana había muerto. Siguiendo la sugerencia de unos amigos, Otto decidió publicar el diario de Ana, y en 1947, el diario -con el título Het Achterhuis (La casa de atrás, el título que Ana había elegido) - se publicó en los Países Bajos. Con el tiempo, el diario se tradujo a más de 55 idiomas (título en inglés: The Diary of a Young Girl) y se convirtió en uno de los libros más leídos del mundo.

La popularidad y la resonancia emocional del diario de Ana Frank dieron lugar incluso a representaciones dramáticas de los hechos registrados en el diario. En 1955 se estrenó una exitosa producción teatral de la obra ganadora del premio Pulitzer, El diario de Ana Frank, y en 1959 se estrenó una adaptación cinematográfica de la obra.

En 1957, cuando la demolición del anexo secreto era inminente, varios ciudadanos prominentes de Ámsterdam crearon la Fundación Ana Frank para preservar el anexo en Prinsengracht 263. La casa se transformó en un museo conocido como la Casa de Ana Frank.

En el 50º aniversario de su muerte, Ana Frank volvió a ser objeto de atención pública. El Anne Frank Educational Trust inició la realización de una película para conmemorar su vida y su muerte. El resultado fue el documental "Anne Frank Remembered" (1995), ganador de un premio de la Academia, que cuenta la historia de la familia Frank y presenta un retrato tridimensional de Ana a través de entrevistas con amigos y compañeros de escuela de Ana Frank y de imágenes de archivo nunca vistas.

En 1995, la editorial Doubleday publicó una edición definitiva del diario de Ana Frank, que incluía fragmentos no incluidos en la versión original. El continuo interés público por la vida y la trágica muerte de Ana Frank es un testimonio de su perdurable legado de esperanza y humanidad frente al miedo y el mal.

Destacados

- El 12 de junio de 1942, Ana Frank, en su totalidad Annelies Marie Frank, recibió un diario a cuadros rojos y blancos por su 13º cumpleaños.
- Los amigos que registraron el escondite tras la captura de la familia entregaron posteriormente a Otto Frank los papeles que dejó la Gestapo.
- Entre ellos encontró el diario de Ana, que se publicó como Ana Frank: El diario de una niña (originalmente en holandés, 1947).
- El Diario, que ha sido traducido a más de 65 idiomas, es el diario más leído del Holocausto, y Ana es probablemente la más conocida de las víctimas del Holocausto.
- El Diario también se convirtió en una obra de teatro que se estrenó en Broadway en octubre de 1955, y en 1956 ganó el premio Tony a la mejor obra y el premio Pulitzer a la mejor obra de teatro.

1. ¿Cuáles son algunas mujeres inspiradoras e infravaloradas en la historia?
2. Nombra a una mujer que fue valiente y no tuvo miedo de hacer lo que creía que era correcto (perdona la época actual por la falta de justicia)
3. ¿Qué cualidades hacen que alguien sea una mujer malvada de todo el mundo?

Tu regalo

Tienes un libro en tus manos.

No es un libro cualquiera, es un libro de Student Press Books. Escribimos sobre héroes negros, mujeres empoderadas, mitología, filosofía, historia y otros temas interesantes.

Ya que has comprado un libro, queremos que tengas otro gratis.

Todo lo que necesita es una dirección de correo electrónico y la posibilidad de suscribirse a nuestro boletín (lo que significa que puede darse de baja en cualquier momento).

¿A qué espera? Suscríbase hoy mismo y reclame su libro gratuito al instante. Todo lo que tiene que hacer es visitar el siguiente enlace e introducir su dirección de correo electrónico. Se le enviará el enlace para descargar la versión en PDF del libro inmediatamente para que pueda leerlo sin conexión en cualquier momento.

Y no te preocupes: no hay trampas ni cargos ocultos; sólo un regalo a la vieja usanza por parte de Student Press Books.

Visite este enlace ahora mismo y suscríbase para recibir un ejemplar gratuito de uno de nuestros libros.

Link: https://campsite.bio/studentpressbooks

Libros

La serie de libros sobre la historia de la raza negra.

Bienvenido a la serie de libros sobre la historia de la raza negra. Conozca los modelos de conducta de los negros con estas inspiradoras biografías de pioneros de América, África y Europa. Todos sabemos que la Historia de la raza negra es importante, pero puede ser difícil encontrar buenos recursos.

Muchos de nosotros estamos familiarizados con los sospechosos habituales de la cultura popular y los libros de historia, pero estos libros también presentan a héroes y heroínas afroamericanas menos conocidos de todo el mundo cuyas historias merecen ser contadas. Estos libros de biografías te ayudarán a comprender mejor cómo el sufrimiento y las acciones de las personas han dado forma a sus países y comunidades marcando a las futuras generaciones.

Títulos disponibles:

1. 21 líderes afroamericanos inspiradores: Las vidas de grandes triunfadores del siglo XX: Martin Luther King Jr., Malcolm X, Bob Marley y otras personalidades

2. 21 heroínas afroamericanas extraordinarias: Relatos sobre las mujeres de raza negra más relevantes del siglo XX: Daisy Bates, Maya Angelou y otras personalidades

La serie de libros "Empoderamiento femenino".

Bienvenido a la serie de libros Empoderamiento femenino. Descubre los intrépidos modelos femeninos de los tiempos modernos con estas inspiradoras biografías de pioneras de todo el mundo. El empoderamiento femenino es un tema importante que merece más atención de la que recibe. Durante siglos se ha dicho a las mujeres que su lugar está en el hogar, pero esto nunca ha sido cierto para todas las mujeres o incluso para la mayoría de ellas.

Las mujeres siguen estando poco representadas en los libros de historia, y las que llegan a los libros de texto suelen quedar relegadas a unas pocas páginas. Sin embargo, la historia está llena de relatos de mujeres fuertes, inteligentes e independientes que superaron obstáculos y cambiaron el curso de la historia simplemente porque querían vivir su propia vida.

Estos libros biográficos te inspirarán a la vez que te enseñarán valiosas lecciones sobre la perseverancia y la superación de la adversidad. Aprende de estos ejemplos que todo es posible si te esfuerzas lo suficiente.

Títulos disponibles:

1. 21 mujeres sorprendentes: Las vidas de las intrépidas que rompieron barreras y lucharon por la libertad: Angela Davis, Marie Curie, Jane Goodall y otros personajes
2. 21 mujeres inspiradoras: La vida de mujeres valientes e influyentes del siglo XX: Kamala Harris, Madre Teresa y otras personalidades
3. 21 mujeres increíbles: Las inspiradoras vidas de las mujeres artistas del siglo XX: Madonna, Yayoi Kusama y otras personalidades
4. 21 mujeres increíbles: La influyente vida de las valientes mujeres científicas del siglo XX

La serie de libros de Líderes Mundiales.

Bienvenido a la serie de libros de Líderes Mundiales. Descubre los modelos reales y presidenciales del Reino Unido, Estados Unidos y otros países. Con estas biografías inspiradoras de la realeza, los presidentes y los jefes de Estado, conocerás a los valientes que se atrevieron a liderar, incluyendo sus citas, fotos y datos poco comunes.

La gente está fascinada por la historia y la política y por aquellos que la moldearon. Estos libros ofrecen nuevas perspectivas sobre la vida de personajes notables. Esta serie es perfecta para cualquier persona que quiera aprender más sobre los grandes líderes de nuestro mundo; jóvenes lectores ambiciosos y adultos a los que les gusta leer sobre personajes interesante.

Títulos disponibles:

1. Los 11 miembros de la familia real británica : La biografía de la Casa de Windsor: La reina Isabel II y el príncipe Felipe, Harry y Meghan y más
2. Los 46 presidentes de América : Sus historias, logros y legados: De George Washington a Joe Biden
3. Los 46 presidentes de América: Sus historias, logros y legados - Edición ampliada

La serie de libros de Mitología Cautivadora.

Bienvenido a la serie de libros de Mitología Cautivadora. Descubre los dioses y diosas de Egipto y Grecia, las deidades nórdicas y otras criaturas mitológicas.

¿Quiénes son estos antiguos dioses y diosas? ¿Qué sabemos de ellos? ¿Quiénes eran realmente? ¿Por qué se les rendía culto en la antigüedad y de dónde procedían estos dioses?

Estos libros presentan nuevas perspectivas sobre los dioses antiguos que inspirarán a los lectores a considerar su lugar en la sociedad y a aprender sobre la historia. Estos libros de mitología también examinan temas que influyeron en ella, como la religión, la literatura y el arte, a través de un formato atractivo con fotos o ilustraciones llamativas.

Títulos disponibles:

1. El antiguo Egipto: Guía de los misteriosos dioses y diosas egipcios: Amón-Ra, Osiris, Anubis, Horus y más

2. La antigua Grecia: Guía de los dioses, diosas, deidades, titanes y héroes griegos clásicos: Zeus, Poseidón, Apolo y otros
3. Antiguos cuentos nórdicos: Descubriendo a los dioses, diosas y gigantes de los vikingos: Odín, Loki, Thor, Freya y más

La serie de libros de Teoría Simple.

Bienvenido a la serie de libros de Teoría Simple. Descubre la filosofía, las ideas de los antiguos filósofos y otras teorías interesantes. Estos libros presentan las biografías e ideas de los filósofos más comunes de lugares como la antigua Grecia y China.

La filosofía es un tema complejo, y mucha gente tiene dificultades para entender incluso lo más básico. Estos libros están diseñados para ayudarte a aprender más sobre la filosofía y son únicos por su enfoque sencillo. Nunca ha sido tan fácil ni tan divertido comprender mejor la filosofía como con estos libros. Además, cada libro también incluye preguntas para que puedas profundizar en tus propios pensamientos y opiniones.

Títulos disponibles:

1. Filosofía griega: Vidas e ideales de los filósofos de la antigua Grecia: Sócrates, Platón, Protágoras y otros
2. Ética y Moral: Filosofía moral, bioética, retos médicos y otras ideas éticas

La serie de libros Empoderamiento para jóvenes empresarios.

Bienvenido a la serie de libros Empoderamiento para jóvenes empresarios. Nunca es demasiado pronto para que los jóvenes ambiciosos comiencen su carrera. Tanto si eres una persona con mentalidad empresarial que intentas construir tu propio imperio, como si eres un aspirante a empresario que comienza el largo y sinuoso camino, estos libros te inspirarán con las historias de empresarios de éxito.

Conoce sus vidas y sus fracasos y éxitos. Toma el control de tu vida en lugar de simplemente vivirla.

La serie de libros de Historia fácil.

Bienvenido a la serie de libros de Historia fácil. Explora varios temas históricos desde la edad de piedra hasta los tiempos modernos, además de las ideas y personas influyentes que vivieron a lo largo de los tiempos.

Estos libros son una forma estupenda de entusiasmarse con la historia. Los libros de texto, áridos y aburridos, suelen desanimar a la gente, pero las historias de personas corrientes que marcaron un punto de inflexión en la historia mundial, son muy atrayentes. Estos libros te dan esa oportunidad a la vez que te enseñan información histórica importante.

Conclusión:

Esperamos sinceramente que la lectura de este libro haya sido una experiencia excelente y estimulante.. Estamos seguros de que la historia de Marie Curie y Ana Frank será una fuente de inspiración en tu vida.

Las 21 mujeres que aparecen en este libro son realmente excepcionales. Todas ellas se han enfrentado a la adversidad y la han superado con gracia, dignidad, inteligencia y humor. Puede que no puedas aprender de sus experiencias de primera mano, pero las lecciones que nos enseñan sobre la perseverancia deberían inspirarte a trabajar más duro para conseguir tus objetivos también.

Esperamos que hayas disfrutado de la lectura de estas biografías. Comparte nuestra colección de libros con alguien que necesite una dosis de confianza en sí mismo o de valor hoy mismo.

Vuelva a leer este libro para encontrar siempre una nueva inspiración.

¿Has leído esta lectura educativa? ¿Qué te ha parecido? ¡Háznoslo saber con una bonita reseña del libro!

Nos encantaría leerte, así que no olvides escribir una.

9 789493 258327